访园旅程

集团化办园背景下的项目式课程

吴桂优　钟媚　编著

SPM 南方传媒

全国优秀出版社
全国百佳图书出版单位　广东教育出版社

·广　州·

图书在版编目（CIP）数据

访园旅程：集团化办园背景下的项目式课程／吴桂优，钟媚编
著 . — 广州 ：广东教育出版社，2024.12
ISBN 978-7-5548-6455-5

Ⅰ . G612

中国国家版本馆CIP数据核字第2024X2N954号

访园旅程——集团化办园背景下的项目式课程
FANGYUAN LÜCHENG——JITUAN HUA BANYUAN BEIJING XIA DE XIANGMUSHI
KECHENG

出 版 人：朱文清
策划编辑：林检妹
责任编辑：刘琳琳
责任技编：吴华莲
装帧设计：友间文化
责任校对：冯思婧
出版发行：广东教育出版社
　　　　　（广州市环市东路472号12-15楼　邮政编码：510075）
销售热线：020-87772438
网　　址：http://www.gjs.cn
邮　　箱：gjs-quality@nfcb.com.cn
经　　销：广东新华发行集团股份有限公司
印　　刷：广州小明数码印刷有限公司
　　　　　（广州市天河区高普路83号B栋C5号）
规　　格：787 mm × 1092 mm　1/16
印　　张：14.25
字　　数：285千
版　　次：2024年12月第1版
　　　　　2024年12月第1次印刷
定　　价：68.00元

如发现因印装质量问题影响阅读，请与本社联系调换（电话：020-87613102）

编委会

序 言

在当今教育领域，项目式学习作为一种创新的教学方法备受关注，它打破了传统教学的局限，以学生为中心，通过解决实际问题来培养学生的综合能力。在基础教育不断改革发展的进程中，项目式学习逐渐成为推动教育创新的重要力量。

明珠幼儿园教育集团积极探索教育教学的新模式，在集团化办园背景下开展项目式课程研究。其"访园旅程"项目式课程的开发，源于对学前教育高质量发展的追求。集团化办园虽然在资源共享方面取得一定成效，但在课程资源的补充和利用上仍有待突破。为了给幼儿提供更丰富、更多元的学习体验，明珠幼儿园教育集团借助集团内差异化的资源，开启了"访园旅程"项目式课程的探索之旅。

项目式课程在幼儿园的应用具有重要价值。它有助于激发幼儿的学习兴趣和主动性，培养幼儿的问题解决能力、创新创造能力、探究实践能力和思维能力。在"访园旅程"项目中，幼儿走出熟悉的环境，接触新伙伴、新事物，这种真实情境下的学习能够极大地拓展幼儿的视野，丰富他们的经验。例如在"虫虫哪里逃"项目中，幼儿通过观察、讨论、实践等方式，积极探索保护椰菜的方法，不仅学到了关于驱虫的知识和技能，更在过程中锻炼了合作能力和批判性思维。同时，项目式课程也促进了教师的专业成长，教师从传统的知识传授者转变为引导者、支持者和观察者，在与幼儿共同探索的过程中不断提升教育教学能力。

然而，项目式课程在幼儿园的应用也存在一定的局限性。由于幼儿的认知水平和生活经验有限，在项目实施过程中可能会遇到各种困难，需要教师给予更多的引导和支持。而且项目式课程的开展对教师的综合素质要求较高，教师需要具备较强的课程设计、组织和评价的能力，这对教师的专业素养来说是一个挑战。同时，项目式课程的实施需要充足的时间和资源保障，如果资源有限，可能会影响项目的质量和效果。

  《访园旅程：集团化办园背景下的项目式课程》一书详细阐述了"访园旅程"项目式课程的背景、理论基础、设计与实施过程，并通过多个生动的实践案例展示了项目的具体开展情况。书中案例丰富多样，涵盖了不同年龄段幼儿的项目活动，如小班的"虫虫哪里逃""小鸭学武记"，中班的"益智搭恐龙""追光逐影"，大班的"交通出行'计'""带着地图'趣'游园"，等等。每个案例都包含项目缘起、学情分析、驱动问题、项目目标、项目发展实录、项目总结和反思等内容，呈现了项目式课程在幼儿园的实践过程。这些案例为广大幼儿教育工作者提供了宝贵的实践参考，有助于他们更好地理解和应用项目式课程。

  此外，本书还探讨了项目式课程的理论内涵，为课程的实施提供了坚实的理论支撑。书中对项目式学习的发展溯源、理论基础、内涵阐释、模式策略和评价设计等方面进行了梳理和分析，这对于推动项目式课程在幼儿园的深入发展具有重要的指导意义，也为学前教育领域的课程改革提供了有益的借鉴。

广西师范大学 侯莉敏

目录
CONTENTS

第三章

集团化办园背景下的"访园旅程"项目式课程的设计与实施

第四章

集团化办园背景下的"访园旅程"项目式课程的实践案例

第一章

集团化办园背景下的项目式课程的背景

一 项目式学习是21世纪培养创新型人才的重要途径

纵观人类历史发展长河，任何变革都必是植根于特定的历史背景下，蕴含着丰富的思想渊源与鲜明的时代特征。当今世界正处于百年未有之大变局，随着全球化进程的加深，科技日新月异，社会日益多元化，世界联系日益增强，人也在不断变化。在这多变与多元的时代，教育到底要培养什么样的人、为儿童提供什么样的内容、什么样的教学方式适合新发展的需求，已成为全球共同关注的焦点。2018年，教育部发布《教育信息化2.0行动计划》，指明"充分认识提升信息素养对于落实立德树人目标、培养创新人才的重要作用"[1]。2020年，世界经济论坛发布《未来学校：为第四次工业革命定义新的教育模式》，表明教育已经进入技术支持的教育4.0时代。

迈进教育教学创新发展的新阶段，社会的迅速发展对人才的培养提出了更高的要求，新时代人才素养需求不断撬动着教育的整体变革，培养创造性思维、批评性思维、问题解决能力和合作能力等核心素养成为新时代对教育的新期盼和新要求。美国、芬兰等国家和地区明确提出，要把培养儿童核心素养作为一项重要的教育改革目标，并针对课程设置、教学方法等内容进行调整和完善[2]，强调儿童应当具备更加综合和实用的能力，如批判性思维、解决问题能力、沟通合作能力等，这些能力也是21世纪社会中必备的素养，有助于儿童更好地适应未来的学习和生活。[3]2019年，中共中央办公厅、国务院办公厅印发的《关于深化教育教学改革全面提高义务教育质量的意见》中指出："要优化教学方式，注重启发式、互动式、探究式教学，开展研究型、项目化、合作学习。"[4]此后，项目化学习在基础教育领域掀起

---

① 教育部. 教育部关于印发《教育信息化2.0行动计划》的通知［DB/OL］.（2018-04-13）［2024-03-10］.https://www.gov.cn/zhengce/zhengceku/2018-12/31/content_5443362.htm.
② 郭华. 项目学习的教育学意义［J］. 教育科学研究，2018（1）：25-31.
③ 娄京苗. 混合学习环境下小学语文"课本剧编演"项目式教学模式研究［D］. 保定：河北大学，2023：2.
④ 中共中央办公厅，国务院办公厅. 关于深化教育教学改革全面提高义务教育质量的意见［A/OL］.（2019-06-23）［2024-03-10］. http://www.moe.gov.cn/jyb_xxgk/moe_1777/meo_1778/201907/t20190708_3894/6.html.

了一股新浪潮，也成为21世纪培养创新型人才的重要途径。学前教育是基础教育的奠基阶段，也是培养儿童感知能力、探究能力和经验积累的重要时期。而项目式学习正是培养儿童问题解决能力、创新创造能力、探究实践能力、思维能力的重要路径，因此在幼儿园开展项目式学习的课程活动有利于激发幼儿的探究欲望和探究精神，为21世纪创新型人才培养奠定坚实的基础。

二 项目式学习为集团化办园的高质量发展提供新路径

2023年6月，中共中央办公厅、国务院办公厅印发的《关于构建优质均衡的基本公共教育服务体系的意见》指出："要完善集团化办学和学区制管理办法及运行机制，强化优质带动、优势互补、资源共享，加快实现集团内、学区内校际优质均衡。"[①]面对学前教育资源严重不足与不均衡这双重困境，为促进区域教育事业均衡优质发展，集团化幼儿园应运而生。

随着全球化进程的加快和数字化时代的迅猛发展，人民群众对优质教育的向往更加强烈。要把学前教育办成人民满意的教育，"高质量"成为学前教育事业发展的必然选择。[②]然而，传统集团化办园理念和思路主要通过对师资、经费、物质等进行统一规划和管理的方式，以达到共享优质教育资源的效果，却忽略对课程资源的补充和利用，特别是在课程资源的使用上没有打破园所之间的空间区隔。[③]可见，单一的集团资源共享模式已不能满足当前学前教育的高质量发展路径，推动集团化办园进一步优质发展的关键是改革课程和教育组织形式。项目学习模式因其实用性强、情境真实等特点，被广泛应用于中小学和高等教育阶段，同时它对学前教育同样具有借鉴意义，也是当前集团化办园变革的一种新路径。明珠幼儿园教育集团"访园项目课程"是建立在集团化办园基础之上的，指幼儿在集团内三所幼儿园之

---

① 中共中央办公厅，国务院办公厅. 关于构建优质均衡的基本公共教育服务体系的意见［A/OL］.（2023-06-13）［2024-03-10］. https://www.gov.cn/zhengce/202306/content_6886110.htm.
② 侯莉敏，刘倩. 我国学前教育事业实现高质量发展的时代价值与路径取向［J］. 学前教育研究，2023（6）：1-10.
③ 林红，王成. 跨园游学：集团化幼儿园教育组织新形式［J］. 学前教育研究，2020（8）：93-96.

间有目的、有计划地开展的项目探究学习，它让幼儿在集团化办园模式的支持下，走出幼儿园去接触新伙伴、认识新环境、获取新经验，更好地体现集团化办园在幼儿教育中的价值和本质，推动幼儿全面和自主发展。它改变了传统的幼儿园课程模式，突破了园所之间的空间区隔，推动了集团资源共享与流通，实现了集团化办园课程变革与发展，促进了集团化办园的高质量发展。开展项目式学习为集团化办园的高质量发展提供了新路径。

三 二十载园本主题探究的积淀为项目式学习奠定基础

当前，我国的基础教育改革已经进入核心素养培育"深水区"，课程改革是基础教育改革过程中最根本、最核心的关键改革[①]，是撬动学前教育质量提升的关键杠杆，同时也是贯通幼儿与幼儿园发展的重要媒介。明珠幼儿园始终秉承"武动梦想，悦享童心"的办园理念，立足于佛山武术文化教育资源，坚持文化传承与育人相融合，以理念先行、课题引领为策略，开启了二十载主题活动的探究，最终构建了"武·悦"园本课程体系，收获了丰硕的成果，如撰写了《武·悦：园本课程的研究与实践》一书，申报了多项省、市级课题，获得了广东省幼儿园特色课程建设方案交流展示一等奖、广东省中小学教育创新成果一等奖等奖项，获得了"广东省基础教育课程改革《3-6岁儿童学习与发展指南》实验园""广东省学前教育'新课程'科学保教示范项目领衔幼儿园"等称号。经过二十载园本主题探究的实践积累，明珠幼儿园在课程探索和师资建设等方面都积累了一定的实践经验，为集团化幼儿园的教学改革奠定了坚实的基础。

随着新一轮课改不断深入，"核心素养""21世纪技能"等的提出，给教育目标和课程战略定位带来了新的需求，如项目、情境、跨学科、高阶学习等，于是"创新高效"的课堂教学模式引起了大家的高度重视。课程改革的重心是转变教学方式和学习方式，项目式学习是一种适应基础教育改革的新型教学模式。2020年，佛山市禅城区明珠幼儿园教育集团成立，总园为禅城区明珠幼儿园，分园包括明珠

---

① 谢剑雄. 生活教育视域下学校课程生态建设的内涵与路径［J］. 中国教育学刊，2024（2）：99-102.

浅水湾幼儿园、明珠世茂幼儿园。新的课程资源、教学模式成为明珠幼儿园教育集团深化课程改革的突破口和新生长点。

四 集团内差异化的资源为项目式学习提供有力的支持

集团化办园在一定程度上加强了园际联系，提升了资源配置的均衡性，能够为项目式学习提供更多的实际支撑。项目式学习强调真实性，选择项目时不仅要关注儿童的兴趣，还要评估项目的合适性，即"参与的儿童是否可能有机会在校外对它进行探索，以及它们是否有利于增强儿童对自己处理和理解日常经历和环境的能力的认识"[①]。而明珠幼儿园教育集团中真实可探索的环境，生活化、差异化的资源都为项目式学习提供了有力的支持。

明珠幼儿园教育集团秉承"共建共享，各美其美"的理念，每所幼儿园各具特色。明珠幼儿园总园在"打造优质和谐、特色鲜明、可持续发展的品牌幼儿园"的办园目标指引下，形成了"童趣、多元、创艺"的氛围，构建了"武·悦"课程体系，营造了"武·艺"教育环境。明珠世茂幼儿园以视觉艺术为突破口，以"武·悦美"为办园特色，勾勒世茂"点线面"画卷的视觉艺术。明珠浅水湾幼儿园以儿童戏剧为主要抓手，以"武·悦剧"为办园特色，营造了"武·悦剧"的氛围。同时，明珠幼儿园教育集团实行"1+4+N"的集团管理模式，有效推动各分园快速、均衡、优质发展。2021年，明珠幼儿园教育集团入选"广东省首批优质基础教育集团培育对象"；2024年以优秀通过考核，成为广东省第一批优质基础教育集团。

集团化幼儿园特色课程建设成为提高集团幼儿园办学质量、促进幼儿全面发展的重要途径。在浅水湾分园和世茂分园开园后，明珠幼儿园教育集团开展了访园体验日活动，在愉快的一日体验后，幼儿纷纷表示："他们的大型玩具太好玩了，能不能每天都去呀？""浅水湾的戏剧好好看。我也想去表演啊！""世茂幼儿园好

① 凯兹，查德. 开启孩子的心灵世界：项目教学法［M］. 胡美华，译. 南京：南京师范大学出版社，2007：77.

美，是什么形状的啊？是怎么建的啊？"……孩子们期盼的眼神，一遍又一遍地浮现在教师们的脑海。正如卢梭所说："儿童具有他自己的真正活动，不扩展它，教育功能就不能成功。"于是经过多轮的教学研讨、课程审议，教师们开启了项目式学习的探索之旅。

随着探索的深入，教师们发现集团内差异化的资源为项目式学习提供了有力的支持，同时项目式学习不仅给孩子们带来了巨大的意义和变化，也为集团幼儿园间的资源共享、优势互补搭建了良好的平台。

第二章

集团化办园背景下的项目式课程的理论阐释

一 项目式学习的发展溯源

项目式学习起源于16世纪意大利建筑与工程教育改革，当时的专业人员已经意识到，培养专业人才如建筑师、画家、雕刻家等，不能只靠口头传授的方式来传递知识和经验。他们需要将自己所学到的东西在实践中进行运用和测试，例如让他们设计出具有想象力和创造力的作品，如完整规模的教堂、纪念碑、宫殿等建筑，也就是我们所说的"项目"，这也是"项目"第一次被表示为教学方法。由此可见，"设计"是一种与建筑、工艺、制造、制作等紧密联系的具有鲜明工业文明色彩的方法，它也是一种以实际动手操作代替讲课、记笔记的方法。"设计"教学理念在不同的时代有着不同的内涵。为了适应时代发展的需要，"设计"教学被不断改造并赋予新的内涵，从而获得持久的生命力。例如，美国在19世纪中晚期完成了第二次工业革命，社会急需一大批能够从事工业设计与制造的专业人员，而以动手操作为特点的"设计"式教学方式，恰恰符合当时社会发展的要求。1879年，美国教育家卡尔文·伍德沃德在圣路易斯建立了世界上第一所手工艺培训学院，该学院以"设计"为主要教学手段，以木工作坊、车床、铁匠铺、铸造车间、机器车间为学习场所，学习者在学习如何使用和操作基本的工具后，就能独立开发和完成"项目"。[①]

克伯屈于1918年在哥伦比亚大学的《师范学院学报》上发表了一篇题为《设计教学法》的文章，首次提出"设计教学法"这一概念，运用了"Project"来突出教学过程中的目的性。[②]他还提出项目式教学是以儿童的兴趣和需求为基础，并以有目的性的活动作为教育过程的核心及有效学习的依据。他还认为，这个项目的目的在于通过引导儿童自主地选择自己希望达成的"目标"的方式来激发儿童的内在动机。项目式学习在继承设计教学法的基础上，不断改良和创新，摒弃了其原有的手工操作和工业化色彩，从而在全球范围内得到广泛的认可和运用。

① 张莉. 基于项目式学习（PBL）的幼儿园课程：核心理念与实施路径［J］. 教育导刊（下半月），2020（6）：33-40.

② 杨明全. 核心素养时代的项目式学习：内涵重塑与价值重建［J］. 课程·教材·教法，2021，41（2）：57-63.

20世纪二三十年代，克伯屈提出的"设计教学法"在美国的中学和小学得到普遍应用。20世纪六七十年代，"项目教学法"就被广泛应用于英国的幼儿园和学校中。随着凯兹和查德于1989年首次合作出版《开启孩子的心灵世界——项目教学法》，很多人重新审视了项目教学法的潜在价值。瑞吉欧·艾米利亚市属幼儿园里的报告和展览更是广泛地引起了教育工作者对项目教学法的浓厚兴趣。在信息化和知识经济的背景下，复合型人才成为社会发展迫切需要的重要人才，而传统的教育方式则是通过教师口头传授高度抽象的理论知识，显然这种教学方式已经不能适应社会发展的需要。当今的社会发展对学校提出了更高的要求，那就是学习者需要具备多途径搜集资料、整合不同学科及领域的知识、全面分析和解决问题的能力，这种跨学科的、研究性的学习方法给许多学科的教学带来了新的活力。[1]

二 项目式学习的理论基础

项目式学习融合了多种教育理念，其中最具代表性的理论是建构主义学习理论、情境学习理论、实用主义教育理论、发现学习理论与多元智力理论。

（一）建构主义学习理论

建构主义也称结构主义，它主张世界是客观存在的，但个体对事物的理解却是由自己决定的，即向着与客观主义更为对立的另一方面发展。建构主义学习理论是认知心理学派的一个分支，该理论认为："知识是由认知主体主动建构的，建构是通过新旧经验的互动实现的，认知的功能是适应，它有助于主体对经验性世界的组织。"[2]该理论的主张如下：

第一，学习是儿童积极主动建构的过程。认识并非学习者对于客观事实的简单、被动反应（如镜面式反应），而是一个积极的、主动的建构过程，即知识都是

---

① 杨明全. 核心素养时代的项目式学习：内涵重塑与价值重建［J］. 课程·教材·教法，2021，41（2）：57-63.

② 斯特弗，盖尔. 教育中的建构主义［M］. 高文，徐斌艳，程可拉，等译. 上海：华东师范大学出版社，2002：9.

建构出来的，而不是他人传递的，儿童是学习活动的主体，是建构活动的中心。

第二，学习情境在意义的建构过程中具有重要作用。在建构过程中，学习情境与学习者原有的认知结构相互交织、共同作用，同时主体的认知结构也不断得到发展和完善。强调学习过程和个人知识发展与具体情境之间的紧密联系，认为儿童的学习是与真实的或类似真实的情境紧密联系的，在真实的社会文化背景中，通过与社会的交互作用，儿童才能积极有效地建构知识。

第三，互动是知识建构的重要方式。学习是学习者运用已有的经验去积极地构建对自己有意义的理解，对外部世界的理解也是其积极建构的结果。但由于不同的个体的已有经验以及对经验的看法不同，要使个体超越自己的认识，看到事物的另一面，建构主义学习理论强调彼此之间的协商与合作，通过充分的合作与广泛的讨论，丰富不同个体之间的现有经验。

建构主义学习理论强调知识的动态性，儿童经验世界的丰富性与差异性，学习的主动建构性、情境性、社会互动性，提倡新的教学理念与学习方式，认为儿童是积极主动的学习者，通过探索方式、协同合作以及共享资源学习等多种学习生活方式建构知识。情境、协作、会话和意义建构是学习环境的四大要素，项目式学习以四大要素为基础，以驱动性问题为导向，以幼儿为中心，强调探究过程。鼓励幼儿在真实的情境中解决实际问题，将抽象的知识具象化，建构对现实世界的理解。在项目式学习过程中，幼儿通过与他人互动、协商与合作，将原有的知识经验在解决问题的过程中进行迁移与应用、重塑与改造，形成了新知识。因此，项目式学习被视为一种典型的建构主义学习模式。

（二）情境学习理论

情境学习理论兴起于20世纪80年代，并在20世纪90年代逐渐形成，随着情境学习网络平台的搭建和各个学术团体的兴起，该理论成为美国教育界最热门的话题之一。[①]1995年，克兰西在其论文《情境学习指南》中指出，情境学习是有关人类知识本质的理论，主要研究人类知识在实践活动过程中如何发展，尤其是人们如何去创

---

① 陈秋怡. 情境学习理论文献综述［J］. 基础教育研究，2016（19）：38-41，63.

造和解释他们正在做的活动。①情境学习理论认为学习是一种情境性活动，是整体的、不可分割的社会实践过程，学习者就是社会实践的积极参与者，学习就是学习者在实践共同体中合法的边缘性参与。②该理论的特征如下：

第一，基于情境的学习。学习不是一种孤立的活动，而是与周围环境密切相关的。情境学习理论强调知识与情境之间动态的相互作用过程，知识学习者将所学的知识和技能置于真实的情境中，通过与情境的互动和反馈来理解和应用所学内容，学习与认知在本质上是情境性的。

第二，合法的边缘性参与。知识是个体、社会、物理情境三者间互动的产物。莱夫（J.Lave）与温格（Wenger）合作出版了《情景学习：合法的边缘性参与》一书，他们用"合法的边缘性参与（legitimate peripheral participation）"来描绘情境学习的过程："'合法'意味着对学徒在其所参与的共同体中的身份的肯定，意味着共同体中的资源和实践对学徒开放；'边缘性'意味着多元化、多样性或多或少地参与其中，以及在实践共同体中参与的过程中所包括的一些方法，它反映的是与活动相关的没有偏题的实践，是一个动态的有活力的概念。"

第三，实践共同体的建构。巴拉布（Barab）和达菲（Duffy）指出，个体在特定的现实情境中参与实践活动，不仅获得知识与技能，同时还形成了某一共同体成员的身份认同，两者是不可分离的。③实践共同体有着共同的任务以及各自担负的责任，一起追求共同的事业，协商实践活动，因此，学习的过程也就可以看作是具有共享的文化历史背景和真实任务的学习者实践共同体的建构过程。

知识是个体与环境互动过程中建构的互动状态，是一种基于社会情境的活动。情境学习理论强调学习置于具体的情境中进行，而项目式学习恰恰为幼儿解决问题提供了这种真实的情景化学习环境，使得幼儿在基于真实情境的情况下解决实际生活中的问题。

---

① 王文静. 情境认知与学习理论：对建构主义的发展［J］. 全球教育展望，2005（4）：33，56-59.
② 莱夫，温格. 情景学习：合法的边缘性参与［M］. 王文静，译. 上海：华东师范大学出版社，2004：3.
③ JOHN S B，ALLAN C，PAUL D. Situated cognition and the culture of learning［J］. Educational Researcher，1989，18（1）：32-42.

（三）实用主义教育理论

20世纪初美国的实用主义哲学家杜威的实用主义教育是以反对传统的教育为起点的。杜威认为，应从经验中学习，经验是一切有价值训练的源泉，但在现实中，学校与社会生活隔离和孤立，导致儿童求学的地方成为世界上最难取得实际经验的场所，因此要把社会搬到学校和课堂中，使学校与生活建立联系，成为儿童生长的地方。①该理论的主要观点有以下几个方面：

第一，"儿童中心论"，即教育应以儿童为中心。在教育实践中，如果将儿童置于被动的、接受的或吸收的状态，不允许儿童遵循自己的本性，则会给教育带来阻力并造成资源的浪费。②杜威提出一切应以儿童为根本出发点，教育要以儿童为中心进行组织，而不是依据课本，更不是依据教师。强调要重视儿童生理、心理特点，依照儿童的生长进程，使其逐渐发展自身本能。

第二，"教育即生活"，即教育的本质是生活。在日新月异的社会中，教育是不断地改造经验、重组经验的过程。杜威从生物学的本能理论出发，认为人的发展与成长是天生的本能的生长过程，教育的作用就是促进这种"生长"。这个本能的生长过程就表现为社会性活动即生活，教育的本质就在于通过儿童的主动活动去改造自己的主观经验，所以他又提出了"教育即经验的改造或重新组织"。杜威把教育的本质看作对生活的适应，溯其根源也就是教育应适应社会生活的要求。

第三，"从做中学"，即教学的基本原则是从做中学。杜威强调知识的学习是具有实践性、参与性、体验性与活动性的，主张以活动为中心，学校是社会生活的一种形式。学习者通过亲身实践、参与和体验，可以更好地理解抽象性概念知识，这一教学原则对教育实践产生了深远的影响。

项目式学习是以真实的或模拟的现实生活中的问题为载体，以幼儿为主体，以活动为中心，让幼儿通过自主探究并运用已有经验来解决问题，在活动中培养幼儿的动手能力。可以说项目式学习采用的是"做中学"的方式，与杜威提出的实用主义教育理论是一致的。可见，项目式学习是"做中学"的具体实践。

---

① 赵祥麟，王承绪. 杜威教育论著选［M］. 上海：华东师范大学出版社，1981：20-21.
② 王承绪，赵祥麟. 西方现代教育论著选［M］. 北京：人民教育出版社，2001：31.

（四）发现学习理论

布鲁纳的发现学习理论是指一种以个体主动探索和发现为核心的学习方法，这一理论由美国心理学家杰罗姆·布鲁纳（Jerome Bruner）提出。布鲁纳在《教育过程》一书中提出，发现学习是一种情境性的探索学习，强调的是学习过程，而不是结果。该理论强调学习的自主性、积极性和建构性，认为学习不仅是被动接收信息，更是主动探索和理解世界的过程。在学习过程中，学习者通过与周围环境的互动和经验的积累，逐渐构建起对世界的理解和知识结构。这种知识的建构过程不是简单地接收外部信息，而是通过思考、解决问题、提出假设和验证等活动来实现的。该理论有四个核心观点。一是知识是一种意义建构的过程，布鲁纳的发现学习理论植根于建构主义的思想，认为知识的建构是由个体主动构建、组织和理解新的信息所完成的，学习者通过已有经验、观察和思考来构建对世界的理解。二是学习者是积极主动的，他们渴望探索和理解世界，提供具有挑战性和能够激发兴趣的学习环境，可以激发学习者的好奇心和求知欲。三是个体存在差异，发现学习理论强调了个体差异的重要性，每个学习者都有自己独特的学习方式和速度，应尊重并适应差异。四是情境学习，布鲁纳认为学习的情境对于知识的理解和应用至关重要，学习环境应该设计成具有现实意义的情景化的，以激发儿童的兴趣和参与度。

发现是教育儿童的主要手段，基于发现学习理论，教师的角色转变为引导和激发幼儿的学习兴趣和探索欲的引路人，为幼儿提供具有挑战性和启发性的任务，并引导幼儿进行自主探究和发现。项目式学习可以为幼儿提供更多的实践机会和探索空间，通过发现问题、案例和实践活动，促进幼儿在真实情境中建构知识和发展认知。因此，项目式学习的本质是一种发现式学习。

（五）多元智力理论

多元智力理论由美国心理学教授霍华德·加德纳提出，又称"多元智能理论"，在全球教育发展与我国教育发展改革历程中占据重要的位置。与传统的智商理论相比较（传统智商理论认为智力以语言能力与数理逻辑为核心），多元智力理论认为："智力是在特定的社会或文化环境的背景下，个体用以解决他所遇到的真正难题或困难，并在合适的时候创造出有效成果的能力。"①该理论认为，人类的智力不是由单一的智力因素决定的，而是由多种不同的智力共同构成的。作为个体，我们每个人身上都同时拥有几种相对独立的智力，这几种相对独立的智力在现实生活中错综复杂地、有机地以不同方式、不同程序组合在一起，使每个人的智力都有独特的表现方式，各具特色。在《智力的结构》一书中，加德纳提出多元智力框架中相对独立存在的七种智力类型，分别是言语—语言智力、音乐—节奏智力、逻辑—数理智力、视觉—空间智力、身体—动觉智力、自知—自省智力和交往—交流智力。②该理论的基本特质是多元性，即不是一种能力而是一组能力；基本结构也是多元性，即各种能力不是以整合的形式存在而是以相对独立的形式存在。每个人在这些智力方面的表现都有所不同，通过适当的教育和训练可以得到发展。

现代社会的发展对人才的需求日益多样化，因此需要促进个体不同智力的全面发展，同时也鼓励个性的充分发展。多元智能理论认为人具备潜在性的多元能力，人的发展路径是多元的，而项目式学习正是一种通过参与设计、实施和完成一个项目来学习知识和技能的教育模式，强调实践性、跨学科性和合作性，每个项目或任务涵盖多个智力领域，让幼儿在实践中运用和发展自己的多元智能，促进各个智力领域的全面发展，为培养符合社会发展的接班人奠定了坚实基础。

三 项目式学习的内涵阐释

（一）项目式学习的概念

项目式学习（Project-based learning），简称"PBL"。目前关于PBL，国内有"项目化学习""基于项目的学习""基于课题的学习""项目学习""课题式学习""专题式学习""设计本位学习"等译名，但较为通用的译法是"项目式学习"。

在对"项目式学习"下定义前，首先要了解什么是"项目"。"项目"英文为

---

① GARDNER. Frames of mind：The Theory of Multiple Intelligences ［M］. New York：Basic Books，1993：19.
② 霍力岩. 加德纳的多元智力理论及其主要依据探析［J］. 比较教育研究，2000（3）：38-43.

"Proiect"，来源于管理学术语。管理学中将项目定义为：根据现有的人力、物力和财力等多种资源，在预计的成本和时间框架内，利用具体的知识、技能和方法，解决多个相关联问题的任务。任务可以是一项工程、一次服务、一个研究主题或实际活动。如今，"项目"不仅应用于管理学领域，同时在经济学、教育学、社会学中也均有涉及。

另外，项目式学习中的"学习"，必须符合有目标、有计划、有评价的基本特点。第一，有目标。项目式学习的目标既包含知识，也包括高阶的思维方式和工作方式，还必须培养儿童获取信息、批判性分析、沟通交流、团队合作、创造性解决问题的能力，以及情感态度价值观的渗透。第二，有计划。所谓有计划，就是把课程目标渗透到教育活动中，同时在课程实施过程中思考这两个问题：幼儿经验的自然生长方向是什么？哪个更符合幼儿的课程线索？第三，有评价。要根据教育目标来设计评价，项目式学习的目标强调知识、技能、情感态度等方面，通过以质性评价为主的方式对幼儿的学习与发展进行观察评价。在项目式学习的课程线索调整和情境创设中，教师要时刻关注和观察幼儿，做到"眼中有幼儿"，同时要注意分析幼儿的表现，并与教育目标巧妙联系，着眼于幼儿的发展，让幼儿在项目学习中自如地实现经验世界与未知世界的融通。[①]

基于梳理和分析，本研究认为项目活动是幼儿在教师的支持、帮助和引导下，对自己感兴趣且值得充分了解的主题或问题进行深度探究的系列活动。项目活动具有生成性，需要教师跟随幼儿的问题，灵活调整计划；项目活动源于真实问题，需要在真实情境中使用真实的材料探索解决；项目活动以儿童立场的质性评价为主，通过幼儿的档案和作品等评估项目活动的成效。项目活动最大的价值在于可引发幼儿深度学习，促进问题解决能力、交流合作能力、表达表现能力、主动性、创造性等核心素养的发展。在信息时代，尤其是人工智能时代，随着对人才培养规格的新要求和新期待，项目活动在幼儿园教育实践中应占有一席之地，但不可持简单思维，将项目活动作为课程实施的唯一重要途径。

---

① 滕珺，杜晓燕，刘华蓉. 对项目式学习的再认识："学习"本质与"项目"特质［J］. 中小学管理，2018（2）：15-18.

（二）项目式学习的构成要素

项目式学习主要由项目内容、项目活动、项目情境和项目结果四大要素构成。[①]

项目内容是指源自现实生活和真实情境的、复杂的、多学科交叉的问题。一般具有如下特点：项目内容应该是现实生活中具有完整性和系统性的问题，值得儿童深入探究，符合儿童的最近发展区，与儿童兴趣相一致。

项目活动是指在项目式学习的过程中，儿童采用各种技术工具和调查研究等研究方法获得知识、完成任务、建构经验和解决问题。一般具有如下特点：项目活动具有挑战性，能提高儿童的技能水平；项目活动具有建构性，有助于儿童进行知识的记忆和迁移；项目活动与儿童个性相一致，能提供多元的方法。

项目情境是指为激发儿童兴趣、支持儿童探究所创设的学习情境，既可以是学习环境，也可以是虚拟环境（如学习平台等）。一般具有如下特点：项目情境为儿童提供了更丰富、更真实的学习经历，有利于促进儿童之间或者团队之间的合作；项目情境为提升儿童的信息素养能力和问题解决能力提供了良好的平台。

项目结果是指儿童在项目式学习的过程中或者项目式学习结束后所掌握的知识、技能和情感态度等，包括：好奇心、主动性、合作能力、自我管理能力、问题解决能力等。一般会通过项目评价来评估项目式学习的效果，包括项目成果评价、项目过程行为的评价等。

四　项目式学习的模式策略

项目式学习的模式往往融合了多种教育理念，或是在特定环境、信息技术工具等的支持下构建的。根据研究侧重点的不同，项目式学习模式的构建及流程划分也不尽相同。

目前最受推崇的是凯兹和查德在2000年提出的项目教学法模式。该模式将项目教学法的实施步骤划分为三个阶段，分别是第一阶段（项目活动的开始）、第二阶

[①] 刘景福，钟志贤. 基于项目的学习（PBL）模式研究［J］. 外国教育研究，2002（11）：18-22.

段（项目活动的开展）、第三阶段（项目活动的结束），如图1所示。①项目活动

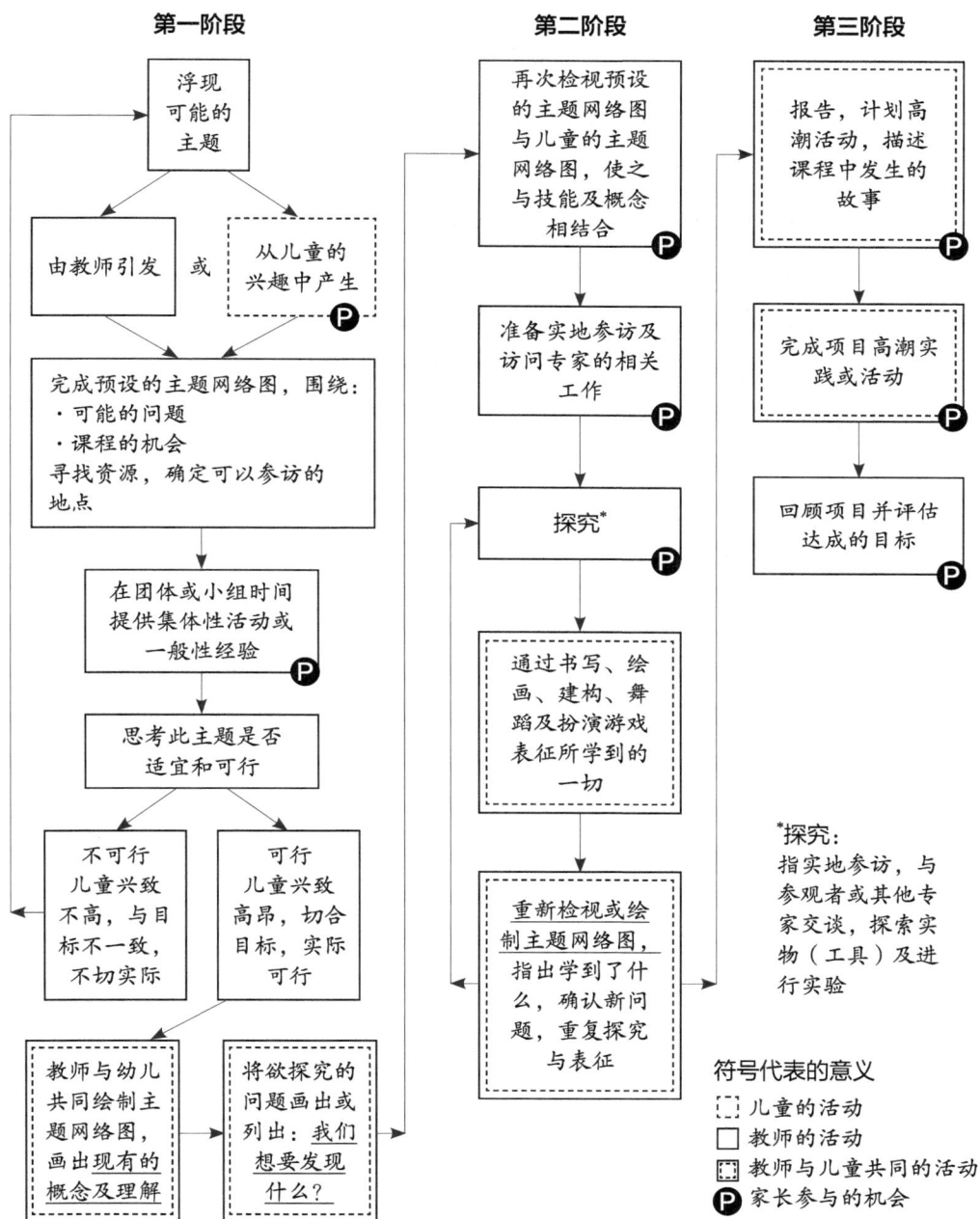

图1　项目活动实施步骤

---

① HELM，KATZ. 培养小小探索家：幼儿教育中的项目教学法［M］. 原晋霞，陈晓红，宋梅，译.
北京：中国轻工业出版社，2022：22-25.

实施的第一阶段主要是如何"锚定"主题。项目主题可能是源自儿童的兴趣，也可能由教师引发，根据预设的主题网络图，围绕可能的问题和课程的机会等方面评估项目的适宜性和可行性。项目活动实施的第二阶段主要是深入探究，寻求答案。首先要再次检视网络图、做好探究准备；接着儿童通过参与多样化的活动（如实地调查、访问专家、看书、观看视频等）来解答第一阶段的问题，并通过绘画、角色扮演、书写等方式记录学到的内容。在第二阶段中，经常会产生新的探究问题，儿童的兴趣也会随之更新，于是"探究—表征—讨论新经验"的循环可能会重复多次。项目活动实施的第三阶段包括计划高潮活动、完成高潮活动、回顾项目并评估等内容。在这一阶段，儿童的主要任务是明确并分享所学的内容。教师的主要工作是聆听儿童的高潮报告，使用档案回顾并评估项目效果。

美国学者萨莉·伯曼（Sally Berman）根据项目学习的内涵和多元智能理论，创新性地提出符合儿童智能发展的项目设计模式。①该模式依据加德纳提出的多元智能三层模型理论并对应每个智能发展阶段特征，将项目学习分为三个关键环节，分别是收集活动、加工活动和应用观点（图2）。在智能发展的第一层阶段，主要环节是收集活动，通过收集活动确定项目方向；在智能发展的第二层阶段，主要环节是加工活动，通过加工活动确定目标和重点；在智能发展的第三层阶段，主要环节是应用观点，在应用观点中进行测试、展示和评价。

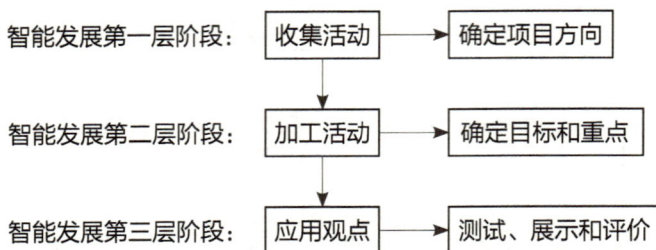

图2　萨莉·伯曼（Sally Berman）多元智能理论下的
项目设计模式

我国项目式学习的经典模式最早是由刘景福和钟志贤构建的。这种模式秉承以

---

①　BERMAN. 多元智能与项目学习：活动设计指导［M］. 夏惠贤，王加林，杨洁，等译. 北京：中国轻工业出版社，2004：8—10.

儿童为中心的理念，强调小组合作学习，鼓励儿童对现实生活中的真实性问题进行深入探究。其典型的项目式流程或实施步骤包含六个环节：选定项目、制定计划、活动探究、作品制作、成果交流、活动评价[①]。如图3所示。

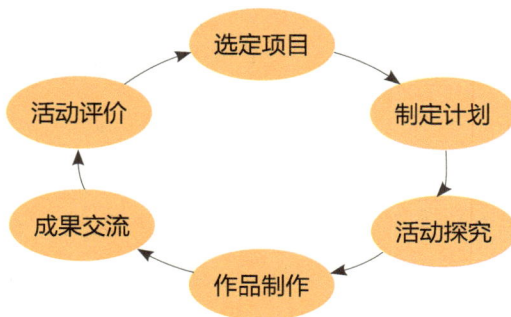

图3 基于项目的学习（PBL）的操作流程

在选定项目过程中，要根据儿童的兴趣来选择合适的主题，教师在此过程中只是扮演指导者的角色，对所选的主题进行评价与指导。在制定计划过程中，需要制定详细的项目安排和活动计划。在活动探究过程中，学习小组深入探究，获得知识和技能，最终得出问题解决的方案。在作品制作环节，儿童将运用所学的知识和技能来制作多样化的作品，如表演类、实物类、视频类等。在成果交流过程中，各学习小组互相交流和分享作品。在活动评价环节，不仅强调评价主体多元，由专家、教师、同伴、学习者共同完成，还强调评价方法多元，包括定量评价和定性评价、形成性评价和终结性评价、个人评价和小组评价、自我评价和他人评价等的有机结合。

面向设计的产生式学习（DoPBL）模式（图4）基于项目式PBL流程，整合了问题式PBL要素和设计流程部分要素，形成了一个包含外环和内环的双环结构。[②]

内环部分融入了设计思维理念，主要包含"共情、定义、构想"三个关键环节，教师在引导儿童学习时，要帮助儿童深入理解问题或项目的设计意图，明确参与目的等，以达成项目学习共识，为项目式学习的顺利开展奠定基础。在外环各个环节实施过程中，教师或学习小组均可通过内环这三个环节来提升外环活动的质量。

---

① 刘景福，钟志贤. 基于项目的学习（PBL）模式研究［J］. 外国教育研究，2002（11）：18-22.
② 董艳，孙巍. 促进跨学科学习的产生式学习（DoPBL）模式研究：基于问题式PBL和项目式PBL的整合视角［J］. 远程教育杂志，2019，37（2）：81-89.

外环包括"选定问题／项目—制定方案／计划—设计活动探究—生成方案／作品—进行成果交流—开展活动评价"六个具体实施步骤。第一，选定问题／项目。选定问题／项目是一次学习的起点，在这一阶段，儿童在共情的驱动下，发现问题，提出问题，选择项目。第二，制定方案／计划。儿童在选定问题／项目后，分析问题，总结关键问题，通过集体讨论，共同制定可行的解决方案。第三，设计活动探究。在制定方案后，按照既定的安排设计活动，通过不断的修改完善，形成最佳的问题解决方案。第四，生成方案／作品。小组在探索和生成作品的过程中，充分发挥儿童的创造性，共同制作出富有创意的作品。第五，进行成果交流。在完成作品后，各小组相互交流，分享彼此的作品。第六，开展活动评价。注重评价主体的多元化，以拓宽评价的视角；注重评价内容的多元化，涵盖作品和学习过程的多个方面；注重评价方法的多元化，强调定性与定量相结合等。

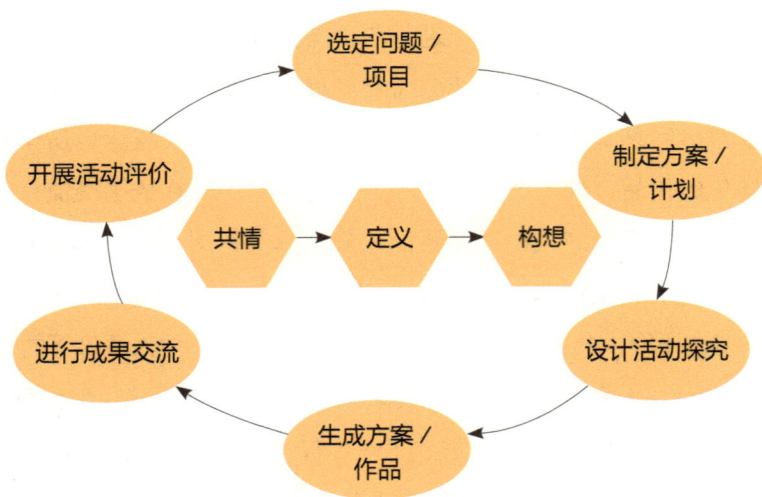

图4　促进跨学科学习的产生式学习（DoPBL）模式

项目式学习是一种有效培养儿童核心素养的学习方式。马宁等学者依据创新人才培养要求以及项目式学习的本质特征，阐述了项目式学习的核心环节，具体包括明确问题、设计方案、协作探究、创作作品、展示作品、评价与修改等环节（如图5所示）。①第一环节的"明确问题"是指教师可以从学科课程标准和教学大纲中提炼

---

① 马宁，赵若辰，张舒然. 项目式学习：背景、类型与核心环节［J］. 中小学数字化教学，2018（5）：24-27.

问题，也可以从现实生活的真实情境中挖掘问题，问题的选择要遵循挑战性、真实性、一致性和开放性的原则。第二环节的"设计方案"是指以小组为单位制定详细的计划和方案，如实践行动、时间规划和探究的方法等。第三环节的"协作探究"是指儿童根据设计出来的研究方案，以小组合作的方式去开展的实践探究。主要包括两方面的探究：一是在线的网络探究，儿童可以在网络上寻找有价值的资源和信息；二是实地的探究，儿童可以前往图书馆、博物馆、科技馆等地进行实地调研，还可以咨询相关专业人士进行市场调研或问卷调查等。第四环节的"创作作品"是指儿童基于实地调研和网上探究所获得的素材和数据，与小组成员合作，对搜集到的资料进行筛选和汇总，并根据探究结论设计和创作出解决现实问题的作品。第五环节的"展示作品"，突破了班级的限制，作品的展示不局限于班级内，可以在校园内、社区内甚至更大的范围进行展示，展示的作品形式多样，例如针对某个难题设计的解决方案项目建议书。第六环节的"评价"贯穿于整个项目过程中，评价对象可以是个人、小组或儿童整体，评价主体包括儿童、家长、教师和社会成员，体现评价的多元化。儿童可以根据来自同伴、家长、教师等的评价进一步修改和完善作品。

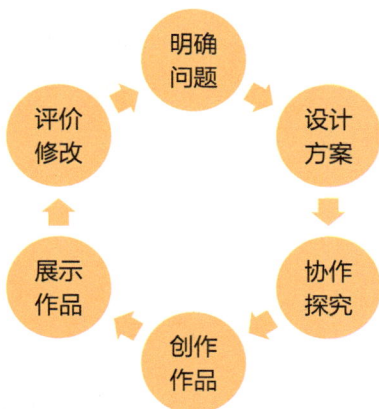

图5　项目式学习的六大环节

　　项目式学习的模式设计是项目式实施的关键步骤，虽然上述的模式设计有所不同，但是大致遵循"三环节六步骤"的设计框架，也就是"项目设计、项目实施、项目评价"三个环节与"项目确定、制定计划、小组合作探究、作品制作、作品分享、评价反思"六个基本流程。

五 项目式学习的评价设计

项目式评价一直是项目式学习研究的难点，至今在国内仍未形成统一的标准。不同研究者从不同视角展开了研究，主要聚焦构建项目式学习的评价体系和探索项目式学习的评价方法两个方面。

在构建项目式学习的评价体系方面，第一类是聚焦核心素养。桑国元依据课程发展阶段理论，构建了指向中国学生发展核心素养的项目式学习"三六标准"模型（2023年提出）。第二类是聚焦学生。余明华等基于学生画像的视角，构建了项目式学习的评价指标体系（2021年提出）。桑国元、蔡添提出项目式学习中的学生评价主体多元性、评价内容涵盖性、评价方法多样化（2021年提出）。朱延庆构建了项目式教学中的学生评价系统（2013年提出）。第三类是聚焦理论视角。张学军等基于PTA的视角，通过两轮德尔菲法确定了融入计算思维的高中机器人项目式学习评价指标体系（2022年提出）。宓奇、輂伟峰构建了TJA增值性评价模型。刘慧、田元荣基于生命周期理论，从项目实施的三阶段进行评价（2023年提出）。祝振宇基于项目式教学评价体系改进原则，架构了教学平台的评价系统（2019年提出）。陈浊、刘徽立足于真实情景的测评，进行项目式学习的综合评价（2020年提出）。第四类是聚焦课程。强枫、张文兰构建了基于课程重构的项目式学习评价指标体系（2018年提出）。匡莉敏基于巴克教育研究院的"黄金标准"，构建了项目学习课程质量的评价框架（2017年提出）。苟江凤、王楠基于场馆教学项目的探索，提出场馆学习项目评估框架（2021年提出）。

在探索项目式学习的评价方法方面，第一类是聚焦多元评价。李雪威等从学生发展出发，根据课程目标，提出以学生为中心、结合过程性评价和结果性评价以及发展性评价的多元融合评价体系（2023年提出）。冯菡从多元评价主体出发，构建了一套在教学中实用性强的评价指标体系（2021年提出）。第二类是聚焦过程性评价。汤蓉提出融入项目式学习过程性评价构建的三大策略：确定多层次的评价目标、确定多角度的评价内容、生成过程性评价时间线（2020年提出）。田洋构建了高中信息技术项目式学习的过程性评价指标体系，并将该指标体系作为过程性评价的依据，编制成学生自评、学生组内互评、教师评价量表等过程性评价工具（2022年提出）。陈磊凤构建了信息技术项目式教学（PBL）的过程性评价指标（2020年提出）。第三类是聚焦表现性评价。周叶文提出完整的表现性评价由目标、任务、评分细则三部分组成（2019年提出）。沈启正基于项目式学习的特征，举例说明表现性评价的设计思路，如课堂教学中表现性评价的设计、跨学科融合中表现性评价的设计、社会实践中表现性评价的设计、研究性学习中表现性评价的设计（2020年提出）。沈启正基于真实情境的物理学习任务，设计嵌入表现性评价（2020年提出）。陈旦丽等构建基于表现性评价的数学文化项目式学习操作流程（2023年提出）。郭晶晶建构项目式学习中的表现性评价设计分析框架（2022年提出）。姚尚春针对古诗词项目式学习中存在的问题，设计古诗词项目式的学习表现性评价内容（2022年提出）。黄蕊建构了小学数学项目式学习表现性评价框架（2021年提出）。徐芳芳依据《义务教育化学课程标准（2022年版）》构建了化学项目式学习表现评价模型（2023年提出）。姚雪飞构建初中科学项目式学习表现型评价操作模型，基于PTA量表的理念，以探究部分动植物器官对过氧化氢催化分解的快慢项目为例，设计了表现型评价量表（2020年提出）。赵亚楠等基于王磊教授的化学学科能力及其表现模型制定了学生对"燃烧"及"化学变化"认识水平的表现性评价标准，通过课堂观察，结合学生的认识水平特点及典型表现修正评价标准（2019年提出）。姜佳言基于核心素养，采用文献研究法、德尔菲法、问卷调查法等方法，设计小学信息技术学科项目学习的表现性评价（2019年提出）。都书文、陈明选深入解读项目化教学评价设计原则，构建了理解取向的高职项目化教学评价活动设计模式（2021年提出）。

综上所述，在项目式学习实践中，不同的学者从不同的视角构建项目式学习的评价体系，并在构建评价体系和多样化评价方法上取得了显著进展。其中较多学者把表现性评价嵌入项目实施的各个环节，呈现清晰、具体的活动目标和评价标准。目前，项目式学习的评价体系主要集中在小学、初中、高中、中职、高职、大学等多个教育阶段，针对幼儿园的项目式学习的评价体系是相对空白的。

第三章

集团化办园背景下的"访园旅程"项目式课程的设计与实施

集团化办园背景下的项目式特色课程主要采用美国拉尔夫·泰勒的目标模式。拉尔夫·泰勒在《课程与教学的基本原理》中把课程开发分为四个阶段（如图所示），形成了著名的"泰勒原理"，即"目标模式"的课程编制原理。[①]泰勒认为课程开发必须回答以下四个问题：一是学校应该达到哪些目标；二是提供哪些教育经验才能实现这些目标；三是怎样才能有效地组织这些教育经验；四是我们怎么样才能确定这些目标正在得到实现。[②]施良方根据泰勒原理，把课程编制定义为："完成一项课程设计的整个过程，这个过程包括确定课程目标、选择和组织课程内容、课程实施和课程评价。"[③]

图　拉尔夫·泰勒的课程开发模式

1. 目的和目标
2. 学习经验的选择
3. 学习经验的组织
4. 对学习经验的评价

一　集团化办园背景下的"访园旅程"项目式课程目标

课程目标是课程开发的核心和前提，课程目标的定位是课程开发中的一个关键环节，课程开发总是围绕着一定的目标进行。泰勒目标模式一直是课程开发理论研究和课程实践领域的主流模式。泰勒从教育目标的重要性出发，提出了关于教育目

---

① 泰勒. 课程与教学的基本原理［M］. 施良方，译. 北京：人民教育出版社，1994：1.
② 泰勒. 课程与教学的基本原理［M］. 施良方，译. 北京：人民教育出版社，1994：17.
③ 施良方. 课程理论：课程的基础、原理与问题［M］. 北京：教育科学出版社，1996：81.

标确立的三个来源和两个"筛子"。第一个来源是对儿童的研究，第二个来源是对当代社会生活的研究，第三个来源是学科专家的建议。正如《幼儿园教育指导纲要（试行）》指出的"社会的要求和幼儿身心发展的需要是确定幼儿园教育目标的主要依据"。

在泰勒看来，仅仅是这三个来源的考量不足以达到"最高的理性"，还需要哲学和心理学这两个"筛子"来选出"更优的目标"。"哲学筛子"试图用"美好"的标准来运作，"心理学筛子"则试图用"适宜"的理念来行动。"符合美好的生活和美好的社会"的目标，兼具着"适切儿童学习特质和学习规律"的目标，必然是"优且美"的目标，必然是"方向不谬"的目标。[1]从明珠幼儿园教育集团课程资源分析图中（如图1所示），可见"访园旅程"项目式课程目标主要从社会领域、艺术领域等方面进行构建，致力于培养善交往、乐学习、爱艺术的明珠娃。

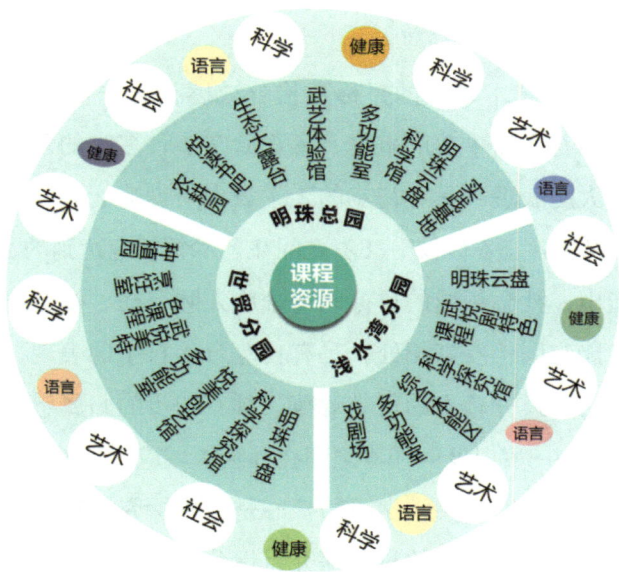

图1　明珠幼儿园教育集团课程资源分析图

---

① 吕林海. "现代性"及其超越：泰勒课程原理的深层意蕴［J］. 教育研究与评论，2022（10）：59-65.

（一）集团化办园背景下的"访园旅程"项目式课程目标的设计依据

1. 《幼儿园教育指导纲要（试行）》①（以下简称《纲要》）

《纲要》中指出，幼儿园的教育内容是全面的，具有启蒙性的，各领域的内容相互渗透，从不同角度促进幼儿的全面发展。

《纲要》中的社会领域、艺术领域、科学领域明确指出了幼儿园教育需要密切联系实际生活，充分利用生活中的事物和现象，引导幼儿参加集体活动，激发幼儿对周围事物的好奇心和探究兴趣，创设良好的条件和环境，鼓励幼儿大胆提问和创造、多途径探究，丰富幼儿的感性经验和审美情感，培养幼儿动手操作、解决问题、人际交往的能力，让幼儿在与周围环境互动的过程中得到发展。

2. 《3-6岁儿童学习与发展指南》②（以下简称《指南》）

《指南》中提到："重视幼儿的学习品质。要充分尊重和保护幼儿的好奇心和学习兴趣，帮助幼儿逐步养成积极主动、认真专注、不怕困难、敢于探究和尝试、乐于想象和创造等良好学习品质。"

《指南》中指出，艺术领域的目标建构分成感受与欣赏、表现与创造两个部分，包括喜欢自然界与生活中美的事物、喜欢欣赏多种多样的艺术形式和作品、喜欢进行艺术活动并大胆表现、具有初步的艺术表现与创造能力这几个目标，并分别指出了幼儿在3～4岁、4～5岁以及5～6岁之间在艺术领域应达到的目标。

《指南》中指出，社会领域的目标建构分成人际交往、社会适应两个部分，包括愿意与人交往、能与同伴友好相处、具有自尊自信自主的表现、关心尊重他人、喜欢并适应群体生活、遵守基本的行为规范、具有初步的归属感等目标，并分别指出了幼儿在3～4岁、4～5岁以及5～6岁之间在社会领域应达到的目标。

《指南》中指出："幼儿科学学习的核心是激发探究兴趣，体验探究过程，发展初步的探究能力。"科学领域的科学探究目标分成亲近自然、喜欢探究，具有初步的探究能力，在探究中认识周围事物和现象三个部分，并分别指出了幼儿在3～4岁、4～5岁以及5～6岁之间在科学领域应达到的目标。幼儿在3～6岁学龄前阶段身

---

① 中华人民共和国教育部. 幼儿园教育指导纲要：试行［M］. 北京：北京师范大学出版社，2001：6-7.
② 中华人民共和国教育部. 3-6岁儿童学习与发展指南［M］. 北京：北京师范大学出版社，2001：28-64.

心发展尚处于具体形象思维发展的关键期，在集团化办园背景下的项目式特色课程项目设置的过程中，需要以幼儿的具体形象思维为基础。

3．《幼儿园入学准备教育指导要点》（以下简称《指导要点》）

《指导要点》以促进幼儿身心全面准备为目标，围绕幼儿入学所需的关键素质，提出身心准备、生活准备、社会准备和学习准备四个方面的内容。其中"社会准备"中提到"交往合作"的发展目标，具体表现为：（1）能和同伴友好相处，乐于结交新朋友。（2）能与同伴分工合作共同完成任务，遇到困难互帮互助，发生冲突时尝试协商解决。（3）能主动向老师表达自己的想法和需求。其中"学习准备"中提到"好奇好问""学习习惯""学习兴趣""学习能力"的发展目标。

4．21世纪儿童必备的核心素养

21世纪儿童必备的知识和技能包括批判性思维、解决问题的能力、团队合作能力和创新精神等，或是北京师范大学中国教育创新研究院《21世纪核心素养5C模型研究报告》中提出的文化理解与传承、审辩思维、创新、沟通、合作等五个方面。尚处在人生初级阶段的学龄前阶段是培养幼儿高阶思维发展的最佳时期，通过合作的形式，激发幼儿的探究精神和批判精神，在实践中发展幼儿解决问题的能力，能够促进幼儿高阶思维的发展。

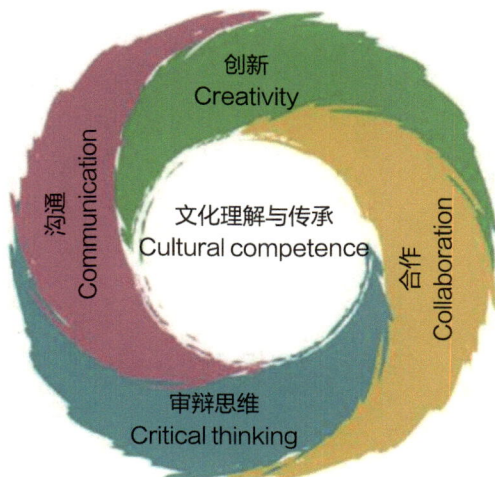

图2　21世纪核心素养5C模型[1]

① 魏锐，刘坚，白新文，等．"21世纪核心素养5C模型"研究设计［J］．华东师范大学学报（教育科学版），2020，38（2）：20-28．

（二）集团化办园背景下的"访园旅程"项目式课程目标的制定

　　教育是国之大计、党之大计。党的二十大报告强调，必须坚守教育优先发展战略，推动科技自立自强，发挥人才的核心驱动作用，加速构建教育强国、科技强国和人才强国的宏伟蓝图。要坚持为党育人、为国育才，全面提高人才自主培养质量，着力造就拔尖创新人才，聚天下之英才而用之。我们深刻把握"教育、科技、人才是全面建设社会主义现代化国家的基础性、战略性支撑"的特殊重要意义，把党的二十大精神落实到学前教育改革发展全过程，改革传统"授业"的教育方式，结合幼儿阶段发展特点，通过游戏化、探究式等有效方式，早期植入科技兴趣、创新思维及优秀传统文化熏陶等方面的基因，以培养德智体美劳全面发展的社会主义建设者和接班人。因此，我们根据《指南》《纲要》的指导文件精神，同时结合本集团的课程资源分析，在访园课程中致力于培养幼儿良好的交往能力、学习品质、艺术创造等核心素养。

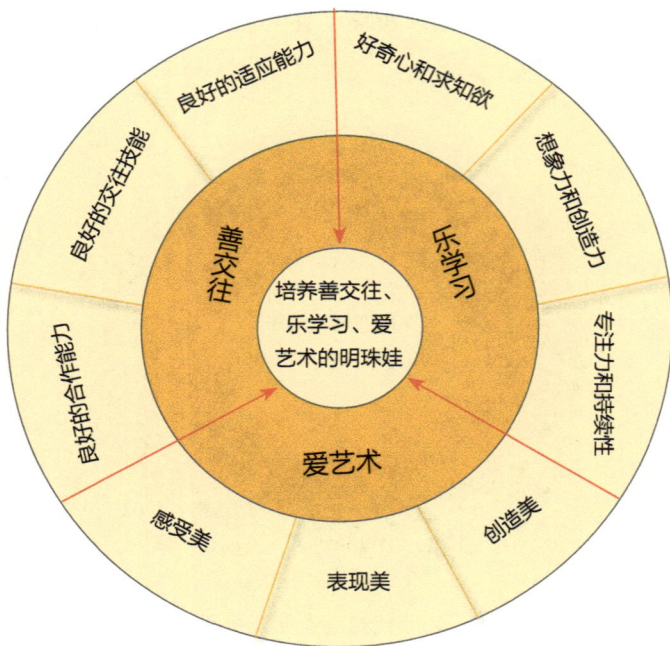

图3　集团化办园背景下的"访园旅程"项目式课程目标结构图

总目标：培养善交往、乐学习、爱艺术的明珠娃。

1. 善交往

我国学者陈帼眉等人认为，学前儿童的社会能力构成主要有三个维度：社会交往能力（包括主动交往、交往策略等）、亲社会行为能力（包括助人合作、分担、对他人负责等）和社会适应能力（包括群体生活、行为规范、初步的归属感等）。社会交往能力是儿童发起、维持和调整社会交往和关系的基本能力；亲社会行为能力是幼儿在社会交往中基于对他人或群体利益的利他态度和行为能力；社会适应能力是幼儿对社会生活的适应能力，如适应幼儿园、学校的生活。[①]因此，社会交往能力、亲社会行为能力和社会适应能力是学前儿童社会能力的三个重要组成维度，缺一不可。

（1）良好的适应能力：愿意到不同的地方参观、参与活动，适应不同环境。

（2）良好的交往技能：勇敢表达自己的意愿与需求，主动与其他幼儿交往，会运用询问、请求、交换等适当的交往技能。

（3）良好的合作能力：乐于分享自己的玩具、方法经验，愿意与他人合作，共同完成任务。

2. 乐学习

《指南》在"说明"部分强调，实施《指南》时应"重视幼儿的学习品质"，并明确指出，"幼儿在活动过程中表现出的积极态度和良好行为倾向是终身学习与发展所必需的宝贵品质。要充分尊重和保护幼儿的好奇心和学习兴趣，帮助幼儿逐步养成积极主动、认真专注、不怕困难、敢于探究和尝试、乐于想象和创造等良好学习品质"。对此，我们确定幼儿积极的学习品质发展目标包括三个维度：

（1）好奇心和求知欲：儿童在面对新的人、事、物时，有进一步学习、探索的兴趣。儿童面对新事物的倾向性，能反映儿童好奇与感兴趣的程度。[②]

（2）想象力和创造力：儿童能够利用想象等拓展知识，进行新的学习。需要指出的是，这里不是指向儿童创造与发明的具体表现，而是指向利用想象、创造与发明来进行学习。

① 姜威. 蒙氏教育儿童智力水平和行为问题的调查［D］. 长春：吉林大学，2006：10-11.
② 鄢超云，魏婷.《3~6岁儿童学习与发展指南》中的学习品质解读［J］. 幼儿教育. 2013（18）：1-5.

（3）专注力和持续性：在完成任务时表现出坚持性，能够集中注意力，不容易被干扰或被弄得很沮丧。[①]

3．爱艺术

《纲要》中提到："艺术是实施美育的主要途径，应充分发挥艺术的情感教育功能，促进幼儿健全人格的形成。""幼儿艺术活动的能力是在大胆表现的过程中逐渐发展起来的，教师的作用主要在于激发幼儿感受美、表现美的情趣，丰富他们的审美经验，使之体验自由表达和创造的快乐。"对此，我们确定幼儿初步的艺术素养发展目标包括三个维度：

（1）感受美：能初步感受并喜欢环境、自然界、艺术作品与生活中的美。

（2）表现美：喜欢并积极参加艺术活动，大胆表现自己的情感与体验。

（3）创造美：能用自己喜欢的方法进行初步的艺术创造。

表1　各年龄段发展目标

一级目标	二级目标	三级目标		
		小班	中班	大班
善交往	良好的适应能力	1. 对群体活动有兴趣。 2. 对幼儿园的生活好奇，喜欢上幼儿园，也喜欢到不同的地方参观。	1. 愿意并主动参加群体活动。 2. 愿意与家长一起参加社区的一些群体活动。	1. 在群体活动中积极、快乐。 2. 能适应不同环境，对小学生活有好奇和向往。
	良好的交往技能	1. 愿意和小朋友一起游戏。 2. 愿意与熟悉的长辈一起活动。 3. 想加入同伴的游戏时，能友好地提出请求。 4. 长辈讲话时能认真听，并能听从长辈的要求。	1. 喜欢和小朋友一起游戏，有经常一起玩的小伙伴。 2. 喜欢和长辈交谈，有事愿意告诉长辈。 3. 会运用介绍自己、交换玩具等简单技巧加入同伴游戏。 4. 会用礼貌的方式向长辈表达自己的要求和想法。	1. 有自己的好朋友，也喜欢结交新朋友。 2. 有问题时愿意向别人请教。 3. 有高兴的或有趣的事时愿意与大家分享。 4. 能想办法吸引同伴和自己一起游戏。 5. 能有礼貌地与人交往。

---

① 鄢超云. 学习品质：美国儿童入学准备的一个新领域［J］. 学前教育研究，2009（4）：9—12.

（续表）

一级目标	二级目标	三级目标		
		小班	中班	大班
善交往	良好的合作能力	1. 在成人指导下，不争抢，不独霸玩具。 2. 与同伴发生冲突时，能听从成人的劝解。	1. 对大家都喜欢的东西能轮流玩或分享。 2. 与同伴发生冲突时能在他人帮助下和平解决。 3. 活动时愿意接受同伴的意见和建议。	1. 活动时能与同伴分工合作，遇到困难时一起克服。 2. 与同伴发生冲突时能自己协商解决。 3. 知道别人的想法有时和自己不一样，能倾听和接受别人的意见，不能接受时会说明理由。
乐学习	好奇心和求知欲	1. 面对新事物时表现出开心，有探索的兴趣。 2. 在互动中能提问题。	1. 面对新事物时表现出兴奋，有探索的兴趣。 2. 愿意主动提问与交流，愿意动手操作。	1. 对身边的新事物感兴趣，有好奇心和探究欲。 2. 喜欢刨根问底，乐于动手动脑。
	想象力和创造力	喜欢新的事物，愿意发散思维。	1. 面对新的事物能发散思维，并用图画、符号记录。 2. 愿意用自己的新想法尝试解决问题。	1. 愿意用图画、符号等方式记录自己的想法和发现。 2. 在全新的、具有挑战意义的活动中能大胆发挥想象力，用新的想法解决问题。
	专注力和持续性	1. 能在成人提醒下调整注意力。 2. 能在成人协助下做完一件事，遇到困难不放弃。	1. 能比较专注地做事。 2. 能独立做完一件事，遇到困难不放弃。	1. 能专注地做事，分心时能在成人提醒下调整注意力。 2. 能坚持做完一件事，遇到困难不放弃。
爱艺术	感受美	1. 喜欢观看大自然和生活环境中美的事物。 2. 容易被自然界中好听的声音所吸引。 3. 喜欢音乐、舞蹈、戏剧等表演。 4. 喜欢观看绘画、泥塑等艺术作品。	1. 在欣赏自然界和生活环境中美的事物时，关注其色彩、形态等特征。 2. 喜欢聆听各种好听的声音，感知声音的高低、长短、强弱等变化。 3. 能够专心地观看自己喜欢的文艺演出或艺术品，有模仿和参与的愿望。 4. 欣赏艺术作品时会产生相应的联想和情绪反应。	1. 乐于收集美的物品或向别人介绍自己发现的美的事物。 2. 乐于模仿自然界和生活环境中有特点的声音，并产生相应的联想。 3. 艺术欣赏时常用表情、动作、语言等方式表达自己的理解。 4. 愿意和别人分享、交流自己喜爱的艺术作品和美感体验。

（续表）

一级目标	二级目标	三级目标		
		小班	中班	大班
爱艺术	表现美	1. 经常自哼自唱或模仿有趣的动作、表情和声调。 2. 经常涂涂画画、做粘贴并乐在其中。	1. 经常唱唱跳跳，愿意参加歌唱、律动、舞蹈、表演等活动。 2. 经常用绘画、捏泥、手工制作等方式表现自己的所见所想。	1. 积极参与艺术活动，有自己比较喜欢的活动形式。 2. 能用多种工具、材料或不同的表现手法表达自己的感受和想象。 3. 艺术活动中能与他人相互配合，也能独立表现。
	创造美	1. 能模仿学唱短小歌曲。 2. 能跟随熟悉的音乐做身体动作。 3. 能用声音、动作、姿态模拟自然界的事物和生活情景。 4. 能用简单的线条和色彩大体画出自己想画的人或事物。	1. 能用自然的、音量适中的声音基本准确地唱歌。 2. 能通过即兴哼唱、即兴表演或给熟悉的歌曲编词来表达自己的心情。 3. 能用拍手、踏脚等身体动作或可敲击的物品敲打节拍和基本节奏。 4. 能运用绘画、手工制作等表现自己观察到或想象的事物。	1. 能用基本准确的节奏和音调唱歌。 2. 能用律动或简单的舞蹈动作表现自己的情绪或自然界的情景。 3. 能自编自演故事，并为表演选择和搭配简单的服饰、道具或布景。 4. 能用自己制作的美术作品布置环境、美化生活。

二 集团化办园背景下的"访园旅程"项目式课程内容

　　课程内容的选择是课程目标支配下的具体的表现形式。泰勒认为："教育目标确定之后，面临的问题是要决定提供哪些学习经验，因为只有通过经验，才会产生学习，从而才有可能达到教育目标。"①课程内容的选择和组织是实现课程目标的手段，解决的是"教什么"和"学什么"的问题。

（一）集团化办园背景下的"访园旅程"项目式课程的资源设计

　　"资源"是指"一国或一定地区内拥有的物力、财力、人力等物质要素的总

---

① 泰勒. 课程与教学的基本原理［M］. 施良方，译. 北京：人民教育出版社，1994：22.

称"①。课程资源的含义有广义与狭义之分，广义的课程资源指有利于实现课程目标的各种因素，狭义的课程资源仅指形成课程的直接因素来源。②集团化办园背景下的项目式特色课程项目所使用的是相对广义的课程资源概念，指的是形成课程的因素来源与必要而直接的实施条件。课程资源是幼儿园课程的重要载体和实现条件，是有利于实现教育目标的一切有形和无形的各种因素的总和。《纲要》指出："应充分利用自然环境和社区的教育资源，扩展幼儿生活和学习的空间。"《指南》中指出："要因地制宜地开发和利用地域资源，开展幼儿园课程建设。"本书的课程资源设计主要围绕开发主体、主要内容、开发路径这三个方面进行。

1. 课程资源的开发主体

在"明珠娃访园项目旅程"课程资源开发中，主体是多元化的，以幼儿与教师为主要开发者，家长、社会人员等为主要参与者。首先，拥有专业知识和能力的教师，能够提供课程方向并作出课程价值判断，是课程资源开发的引领者。作为课程的起点和归宿，课程资源应该遵循幼儿发展特点和认知方式，发挥幼儿的主体性，给予幼儿积极参与的机会。其次，家长、社会人员等有着多样化的背景和资源优势，能提供各具特色的课程资源和素材，是课程资源开发的主要参与者。

2. 课程资源的主要内容

（1）从性质划分

根据性质划分，可以分为自然资源、社会资源、文化资源和电子资源。

①自然资源

自然资源涵盖了构成自然生态环境的各种要素及自然界中存在的万物，是幼儿探索外部世界、认识自然规律及积累生活经验不可或缺的基石。这些资源包括阳光、空气、水、沙、动植物、草地、种植园、气候、天气现象，以及多样的地形与地貌等，它们共同为幼儿的成长与发展提供了坚实的物质基础。

②社会资源

社会资源是指一切与人类相关联的社会现象、社会事物以及社会活动的各种资

---

① 国务院. 博物馆条例［EB/OL］.（2015-02-09）［2024-03-19］. https://flk.npc.gov.cn/detail2.html?ZmY4MDgwODE2ZjNjYmIzYzAxNmY0MTJhMzllNzFhYjk.

② 吴刚平. 课程资源的理论构想［J］. 教育研究，2001（9）：59-63，71.

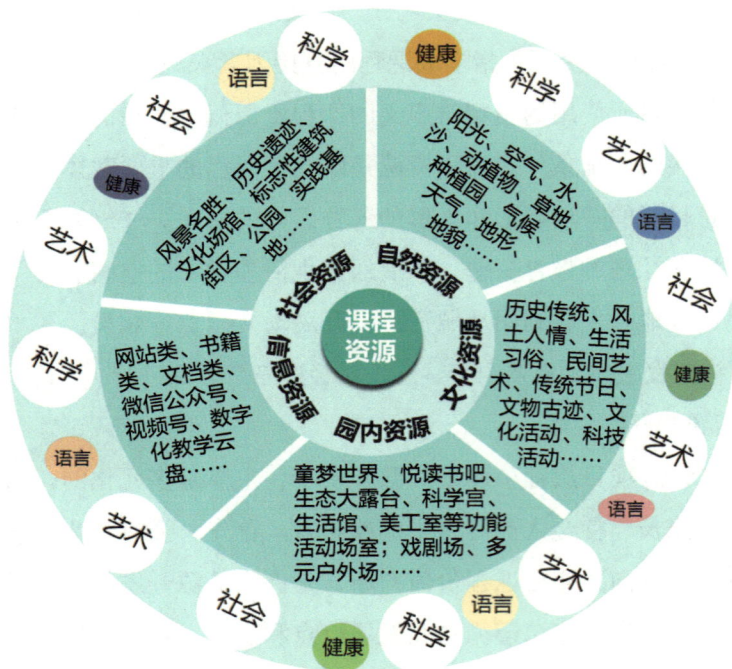

图　课程资源分析

源。它涵盖了人类社会的生产工具与活动、各类组织机构以及诸如风景名胜、历史遗迹、文化场馆、标志性建筑、街区、公园、实践基地等公共设施。这些资源是幼儿链接社会活动、构建社会行为规范以及塑造其社会性人格不可或缺的条件。

③文化资源

文化资源是人类社会历史演进中创造的社会制度、精神内涵及意识形态的总和，包括了物质文化、制度文化及精神文化等多方面资源，包括历史传统、生活习俗、生活惯例、风土人情、民间艺术、传统节日庆典、文物遗址、文化事件、科学技术活动等。这些资源在无形中熏陶着幼儿，对他们的价值观塑造及良好精神风貌的形成起着潜移默化的作用。

④电子资源

电子资源指的是以多媒体和互联网技术为依托，以网络资源信息库为载体的资源，如视频、图片等。电子资源具有全球共享、内容丰富、获取便捷的特点。

（2）从来源划分

根据来源划分，可以分为园内资源、园外资源和信息资源。

①园内资源

主要包括幼儿园内各种设施设备及各种活动空间、场所，还有幼儿园的文化环境和人文环境，如明珠幼儿园总园具有舒适优美、资源丰富、功能强大的教育环境，既有多功能"童梦世界"、温馨"悦读书吧"、"自然探秘"生态大露台、"芝麻开门"科学宫、"快乐小厨师"生活馆、"魔方画屋"美工室等功能活动场室，又有绿意盎然且亦文亦武的趣味体验园、梦幻奇妙兼释放天性的沙水区等户外区域设施。明珠世茂幼儿园则以视觉艺术为突破口，以"武·悦美"为办园特色，走进幼儿园，就如同身处于一所美术展览馆，给予幼儿心灵深处满满的冲击与震撼，沉浸于艺术天地之中。明珠浅水湾幼儿园则以"武·悦剧"特色课程为主，精心打造了"武·悦剧"特色区域，实现一班一剧场；公共楼梯、空间也创设了可让幼儿观赏、互动的儿童戏剧元素的绘本角色图片、情节对话，以及各时期幼儿日常戏剧活动的照片，让每个幼儿都能随时随地享受到"一出好戏"的乐趣。每个园区网络全覆盖，教学设备先进齐全，配备教学资源专用数据库，全面实现网络办公自动化和教育资源共享化，美化、儿童化、教育化、现代化气息浓郁。

②园外资源

主要包括家庭、社区以及本土地域环境中可用于教育教学活动的设施和条件。

③信息资源

主要包括与课程有关的图书、文档和网络信息等，网络信息资源包括佛山市各大文化机构的官方网站，如佛山市博物馆、佛山市图书馆等网站、微信公众号、视频号等。

3. 课程资源的开发路径

（1）做好资源筛选工作

课程资源筛选是课程资源开发的关键步骤。通过一系列的甄别、选择、确认过程，课程资源能够形成最佳的资源组合。具体而言，课程资源筛选需要依次把握以下标准。首先是基于课程的建设需求和开发目标。课程资源筛选应在可能的课程资源范围内和资源成本前提下，优先选择符合幼儿园课程建设需求和开发目标的资源。其次是基于幼儿已有的生活经验和发展特点。课程资源筛选应从幼儿已有的生活经验出发，与幼儿发展的内部条件保持一致，积极创造最近发展区，促进幼儿全面发展。如幼儿的思维具有具体形象性的特征，因此在课程资源筛选过程中应尽量为幼儿提供具体的、形象的、符合幼儿思维发展特点的资源素材。最后是基于教师的教学情况和发展需求。课程资源的筛选应遵循幼儿园教育教学的规律，考虑教师的实际教学情况，关注教师的专业成长与发展，在课程资源的筛选过程中注重为教师提供便于转化、方便用于课程实施的多样化经验与成果。[①]

（2）做好资源评估工作

通过教师研讨会、审议会等方式进行教师研讨，对照课程目标和幼儿的关键经验，对选定的资源进行进一步挖掘和幼儿发展经验分析，并结合幼儿的身心发展特点，初步规划探究活动，从而对资源的教育价值进行充分评估。

（3）组建课程资源库

课程资源筛选和评估后可以着手组建集团课程资源库。课程资源库的建设是课程资源开发的有效途径，高质量的课程资源库能够提升课程资源的共享度和利用率，扩大幼儿生活和学习的空间。

（4）合理利用资源

在对资源进行利用时，要充分尊重幼儿的兴趣和需要，从儿童的视角引发项目的主体，包括发现问题、收集资料、调查信息等。教师根据幼儿对资源的理解情况，选择幼儿感兴趣的价值点作为项目探究的内容，开发适宜幼儿年龄特点的活动，由幼儿把握探究主题的方向，使幼儿在探究活动中不断产生新兴趣、交流分享、积累经验。

（二）课程内容选择的原则

1. 基于目标性原则

目标性原则指的是幼儿园课程内容的选择应紧紧围绕课程目标，它为教育者选择课程内容提供了指导方针和方法论。幼儿园课程内容作为实现课程目标的媒介，其选择应以课程目标为核心指引。有价值的项目课程内容应该能够促进幼儿掌握基础知识，发展基本技能，并培养正确的价值观和情感态度。《幼儿园工作规程》指出："教育活动内容应当根据教育目标、幼儿的实际水平和兴趣确定，以循序渐进

---

① 马岳毅，任娜，但菲. 文化生态视角下的幼儿园乡土课程资源开发：以沈阳市法库白鹤文化为例［J］.成都师范学院学报，2023，39（12）：84-92.

为原则，有计划地选择和组织。"①课程目标为课程内容的选择提供了一个基本的范围和标准。

2．基于生活化原则

杜威提出"教育即生活""教育即生长""教育即经验的重组和改造"，认为儿童在学校其实和在家里一样，也是一种生活过程，儿童在这个过程中生长发展。生活化原则是指课程内容的选择应基于幼儿的真实生活，基于幼儿的年龄特点与心理发展水平，幼儿园课程是以幼儿正在经历的生活现实为基本，所以项目课程内容必须具有生活的真实性。学龄前幼儿的学习方式是以无意学习和直接操作为主，能直接感知的、具体形象的课程内容才是最有效的学习内容，而这种学习内容主要源于幼儿周围的现实生活。《纲要》指出"贴近幼儿的生活来选择幼儿感兴趣的事物和问题"②，遵循幼儿园内容选择的生活化原则，一是课程内容的选择应与现实生活密切相关，从生活中生成内容；二是生活教育要注重教育与生活的融合，寓幼儿园课程内容于生活；三是贴近幼儿生活但又不是对幼儿生活简单的重复，不能等同于生活本身，而是要在生活中挖掘课程内容，让幼儿从已有的经验中形成新的经验，既源于生活，又高于生活。

3．基于兴趣性原则

遵循兴趣性原则是基于幼儿学习成效的一种考虑。兴趣是个体力求认识某种事物或从事某种活动的心理倾向，人们对感兴趣的事物总是愉快地、主动地进行探究，兴趣具有一种动机力量，作为一种驱动力激发着人们的行动。孔子说："知之者不如好之者，好之者不如乐之者。"现代心理学研究也证明了兴趣的高低直接影响课程内容的学习效果。遵循兴趣性原则，一方面，课程内容要具有趣味性，趣味性是吸引人们关注和参与的重要因素，一个具有趣味性的项目主题能够引发幼儿的好奇心和兴趣，让幼儿愿意投入时间和精力去了解和探索；另一方面，要从幼儿感兴趣的事物中寻找富含教育价值的内容，幼儿感兴趣且富含教育价值的内容，自然就是课程的内容遵循兴趣性原则，教师要善于发现、分析，做好对课程内容的价值

---

① 教育部．幼儿园工作规程［A/OL］．（2016-03-01）［2024-03-19］．http://www.moe.gov.cn/srcsite/A02/s5911/moe_621/201602/t20160229_231184.html.

② 中华人民共和国教育部．幼儿园教育指导纲要：试行［M］．北京：北京师范大学出版社，2001：6-7.

判读，及时将它们纳入课程。除此之外，有些必要的课程内容，应使之转化为幼儿的兴趣。即使幼儿对其不感兴趣，但这些内容从幼儿长远的发展来看是有必要的，那么就需要教师巧妙地引导，将其转化为幼儿的兴趣。

4. 基于经济性原则

基于经济性原则选择课程内容是确保教育资源的有效利用，它着眼于在有限的资源条件下实现教学目标和教学效果的最大化。选择课程内容时要充分考虑资源的可用性、成本和效益，以确保提供高质量的教育服务的同时尽量降低教学成本，实现教学成本最小化、教学效果最大化。要精选课程内容，注重精简和实用，避免过多的冗余和重复内容，确保每个内容模块都对学习者的知识、技能和能力发展具有实际意义，这有助于提高教学效率，节约教学资源，从而实现教学目标最优化。

三 集团化办园背景下的"访园旅程"项目式课程的实施

课程实施是指把课程计划付诸实践的过程，它是达到预期的课程目标的基本途径。[1]确定了课程目标，选定了课程内容后，最关键的一步就是课程实施。集团化办园背景下项目式特色课程将项目教学法作为教与学的方式，主要按照凯兹和查德提出的项目活动实施流程的"三阶段"流程来架构支持儿童学习。

（一）项目准备阶段

项目探究主题可以源自幼儿的生活经验，也可以源自教师的教育考量。资源引入后，教师便可以通过文献检索、实地调研、团体讨论等途径对资源本身进行充分了解，绘制资源网络图，为进一步的讨论和探索储备知识。除了对资源本身的了解，教师还需要对课程发展过程中可利用的一切人力、物力和环境等相关条件性资源进行链接，为课程提供必要的保障条件。主题确定后，教师会对照《指南》，对探究活动的走向作出预判，以项目的形式预设课程网络，分析课程的价值和可能

---

① 施良方. 课程理论：课程的基础、原理与问题［M］. 北京：教育科学出版社，1996：128.

性，确定初步的项目网络图。接下来，教师往往会通过引入相关资源、开展调查活动、带领幼儿进入现场等方式发展幼儿关于该项目的共同话题和经验，引发幼儿提出更多的问题和想法，碰撞出更多的火花。

（二）项目探索阶段

项目小组的探究形式可以满足幼儿对问题的探究要求，使幼儿的学习更加聚焦、更有深度。因此，在探究项目活动实施的第二阶段，幼儿通常会分成多个探究小组，围绕自己感兴趣的问题展开探究，他们会经历"提出问题—猜想计划—探索发现—解决问题"这一循环上升的学习历程。教师在鼓励幼儿自主探究、合作探究的同时，通过"倾听—观察—反思—回应"对幼儿的学习予以有效支持。此外，根据探究活动的需要，教师还可以通过将幼儿带入环境、在班级进行实验、邀请专家或家长"进课堂"等方式，带领幼儿向更深层次探索。

（三）项目展示阶段

当项目探究进入最后阶段时，教师与幼儿便开始筹办高潮活动，也就是项目展示会、汇报会等，共同回顾探究历程，讨论策划展示会和汇报会的具体形式，向大家分享与展示探究成果。项目的成果展示，对幼儿来说，可以巩固探究过程的经验；对教师来说，既可以了解每个幼儿的学习与发展情况，还可以对课程效果作出评估。

四 集团化办园背景下的"访园旅程"项目式课程的评价

泰勒认为："评价的目的是要较全面地检验学习经验在实际上是否起作用，评价过程实质上是一个确定课程与教学实际达到目标的程度的过程，评价应反映学生目前的状况，其目的在于让教师、学生和有关人士了解教学的成效。"

各评价主体根据评价对象各行其责，评价主体对项目式课程开发的情境与目标定位进行分解，对项目式学习课程实施三阶段的过程和实施效果进行分析，保证园本课程的质量，提高园本课程的内涵品质，从而更好地满足学前期儿童全面发展的需要。通过不断的探索与实践，建立了融幼儿发展评价、教师发展评价、课程发展评价于一体的综合评价体系，为课程的改进和完善提供了重要依据（如图1所示）。

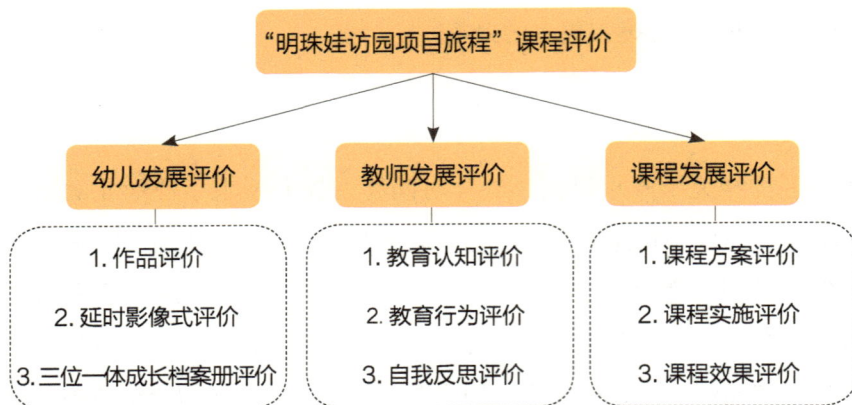

```
                    "明珠娃访园项目旅程"课程评价

        幼儿发展评价          教师发展评价          课程发展评价

      1. 作品评价           1. 教育认知评价        1. 课程方案评价

      2. 延时影像式评价      2. 教育行为评价        2. 课程实施评价

      3. 三位一体成长档案册评价  3. 自我反思评价      3. 课程效果评价
```

图1　课程评价的具体内容

（一）幼儿发展评价

幼儿的发展是一个多元化、动态的过程，在集团化办园背景下的项目式特色课程中，主要依据《指南》《纲要》等指导性文件的预设目标与幼儿项目活动过程中的生成性目标评价幼儿的发展情况。我们注重从真实的情境中发展幼儿良好的社会能力、积极的学习品质与艺术能力，通过调查访谈、绘画表征、作品分析、观察记录等方法收集相关材料，了解幼儿的原有经验与兴趣需求，分析幼儿在认知水平、情感态度、社会性发展、学习品质等方面的发展水平。

1. 作品评价

以幼儿作品为评价对象，主要分为阶段性作品评价与终结性作品评价。从表达的是什么（聚焦内容）、关注的是什么（聚焦价值）、心里觉得怎么样（聚焦情感体验）三方面着手，通过自评、同伴互评和教师、家长评价的方式促进个体经验的回顾和再认知。

2. 延时影像式评价

延时影像式评价以"录像—回放—分析—提炼—研讨"的形式进行，便于教师聚焦关键问题和困惑。组织教师在适当的时间展开录像观看研讨，通过年级教师之间的思想力量相互碰撞，对幼儿活动的过程提出问题与相应的策略，有效解决教师现场观摩难以全面捕捉等问题，更好地推动项目活动进一步发展。

3．三位一体成长档案册评价

"三位一体成长档案册"指在项目活动中以指向社会能力、学习品质和艺术能力的"故事单"构成的幼儿学习评价册，主要包括幼儿自评、家长点赞、教师激励。它以幼儿为主体，幼儿、教师、家长三方面参与对幼儿在各个阶段学习的评价，幼儿在参加不同阶段的学习后，累积个人专属的"访园旅程"学习成长档案册。

（二）教师发展评价

在项目式学习中，教师扮演着多重角色，包括引导者、管理者、观察者和促进者等，其核心在于发掘并激发幼儿的潜力与互动性能力，以推动幼儿实现自主学习和合作式学习。项目式学习活动开展的过程中，每一个环节都是对教师的挑战和考验：对幼儿活动的有效记录、引导幼儿进行有效合作、保证驱动性问题的教育价值、家长与社区资源的适当利用、主题墙等环境的有效支持等。当中的每一个点对教师专业水平发展都十分重要。

1．教育认知评价

教育认知评价是指教师在教育过程、教育引导、教育创新中对教育观、儿童观、课程观的认识，通过师幼互动质量与教师对幼儿在项目活动中对幼儿的引导，评价教师教育认知水平，主要在师幼互动过程中对教师的行为进行过程性评价。

2．教育行为评价

教育行为评价是指对教师在教育教学过程中行为的综合表现评价。外显的是中间的师幼互动（语言、肢体、神态等），内在的则指向对教育观、儿童观、课程观的评价。

3．自我反思评价

自我反思评价是指对教师的反思能力的评价。教师自我反思的能力提升主要表现在反思频率的上升、教师活动设计能力的提高、教师活动组织经验的拓展三方面。

（三）课程发展评价

1．课程方案评价

幼儿园成立课程指导小组，通过定期审议，对各个教研组预设的项目式活动进行评价，就课程的目标、课程结构的合理性、课程组织的科学性、课程的可操作性等进行分析、判断和评价，提出意见、建议，不断调整、完善、推广。

2．课程实施评价

为了对课程实施质量进行整体评估，我们从项目式学习活动实施的三阶段出发，以课程目标为导向，设置分阶段目标，对课程实施中幼儿的行为表现、教师的支架水平、资源的利用程度、环境的支持作用等方面设计评价内容，重点考察以下方面：在项目准备阶段，主要是幼儿经验与兴趣的调研了解、教学资源的分析与规划；在项目探究阶段，主要是幼儿探究行为的观察分析、师幼互动的质量；在项目展示阶段，主要是各方资源的支持、课程展示会的效果。通过教师自评、幼儿自评、同伴互评与家长评价相结合，及时反馈、指导与调整，将阶段性评价结果作为教师进一步发展的支架以及提升课程实施质量的重要依据。

3．课程效果评价

课程效果评价主要采用内部参与式评价与外部诊断式评价相结合的形式。内部参与式评价主要通过幼儿、教师、家长三方面进行，包括幼儿经验生长、教师专业能力、家长参与程度。通过调研，了解幼儿对课程的喜爱程度；通过访谈，了解教师的真实想法以及项目完成的心路历程；通过邀请家长参与活动，了解家长对课程的评价和建议，并据此调整优化整个项目课程。外部诊断式评价是指利用园外力量，如社区、学术界、专业机构等，对幼儿园进行深入的、有针对性的诊断式、指导式以及评定式评价，主要包括社区交流、专家引领等。这一评价模式的核心在于通过引入外部视角和资源，为幼儿园提供全面、客观、专业的反馈和建议，从而推动其持续改进和发展。社区交流是幼儿带着创作的作品走向社区，开展表演或展示活动，社区人员对幼儿作品进行点赞和购买，给幼儿带来成就感；专家引领是在项目课程开发过程中邀请各界专家以现场观摩、诊断反馈等方式进一步完善课程，促进课程的发展。

集团化办园背景下的"访园旅程"项目式课程的实践案例

项目 ① 虫虫哪里逃

年龄段：小班
记录老师：曾梓颖　冯晓婷　李红菊
　　　　　　容子君　王会娣

一　项目缘起

陈鹤琴先生曾说过："大自然、大社会都是活教材。"大自然蕴含着无限的教育价值，幼儿园里的种植园是幼儿认识和了解大自然的小窗口，也是幼儿最喜欢的地方之一。幼儿到浅水湾幼儿园参观，看见"浅浅悦耕园"里的植物都长得很好，于是幼儿都想要照顾好自己班级种的蔬菜，让蔬菜苗壮成长。每天上学或放学，幼儿最喜欢走到种植园去照顾里面的植物。随着气温升高，各种各样的小虫子也苏醒了。一天早晨，幼儿发现春节假期前生长旺盛的椰菜"生病了"，大家围着菜地叽叽喳喳地讨论起来："怎么菜叶子变得这么黄了？叶子都快要掉下来了。""菜叶子上还有好多的洞洞，椰菜是不是生病啦？""菜叶看起来脏脏的，它们会不会很难受呀？""椰菜闻起来有点臭臭的味道，它们是拉肚子了吗？""我觉得椰菜好像是生病了，我想让它们不要生病！""那我们要怎样帮助椰菜呢？我想保护它们。"……跟随幼儿持久性的兴趣，保护椰菜的项目活动就开始了。

二　学情分析

（一）幼儿的生理、心理特点分析

1. 生理特点

现阶段幼儿的小肌肉动作有所发展，手部精细动作的掌握能力有所提高，大部分幼儿能完成使用小夹子的夹、放动作，能够顺利完成小夹子抓虫的任务。另外，经过一学期语言表达习惯的培养，大部分幼儿能主动地用完整句子表达自己的想

法，不需要成人过多地猜测他们的意愿。

2．心理特点

小班幼儿的思维处于直觉行动思维向具体形象思维过渡的阶段，幼儿平行性行为、模仿行为居多，喜欢体验尝试，有助于他们在成人的协助下完成观察和挑战。小班幼儿具有初步的种植经验，这些经验有益于幼儿接收和开展有关保护椰菜项目活动中的一系列内容，从而帮助小班幼儿习得关于菜虫食性、驱赶菜虫的方法、制作驱虫水等相关知识；有助于促进幼儿分享、交流、合作等社会性行为的发展；有助于激发幼儿的科学探索能力。

（二）幼儿的已有认知基础和经验分析

现阶段幼儿掌握了基本的种植经验，知道种植需要浇水，不能用力触碰植物，不摘叶子等，但并不具备驱虫方面的知识经验。另外，部分幼儿的家长具备丰富的蔬菜种植经验并把经验分享给幼儿，因此这些幼儿关于种植蔬菜的知识储备相对丰富，知道农药以及肥料等产品。

（三）幼儿对学习方法掌握情况分析

幼儿通过上学期观察植物活动，掌握了简单的观察法以及绘画记录的方式。他们具有简单的种植经验，能够完成照顾椰菜的任务，能通过直接感知与实际操作获得新经验。

（四）幼儿学习过程中可能会遇到的困难分析

1．幼儿前经验缺乏，想到的方法比较单一或不切实际，因为不可控因素没办法进行试验。

2．在学习过程中幼儿的关注点发生转变。

3．在调查采访环节或分享宣传环节中使用的语言没办法很好地表达他们的想法。

三 驱动问题

（一）幼儿的问题

为什么菜叶烂了？

椰菜是生病了吗？

是什么让椰菜生病了？

有什么办法能帮助椰菜赶走虫子？

水能冲走虫子吗？

有什么东西是虫子讨厌的？

怎么做、用什么做既安全又能赶走虫子的臭臭水？

（二）教师梳理的核心驱动问题和子问题

📖 核心驱动问题：

怎样赶走菜虫，保护椰菜？

📖 子问题：

1. 是谁让菜叶子生病了？

2. 有什么办法可以赶走咬菜叶的虫子呢？

3. 什么样的驱虫水既安全又能赶走虫子呢？

四 项目目标

（一）认知目标

1. 知道大蒜、辣椒、花椒等食物的特点。

2. 能说出几种赶走虫子的材料。

（二）技能目标

1. 通过观察和简单的询问，了解虫子可能不喜欢的一些东西并尝试运用生活材料制作天然驱虫水。

2. 尝试用涂画方式记录探究过程，完成调查表与记录表等。

（三）情感目标

1. 喜欢探究，愿意和同伴一起参与活动。

2. 在保护椰菜的活动中，萌发种植和照顾植物的意识。

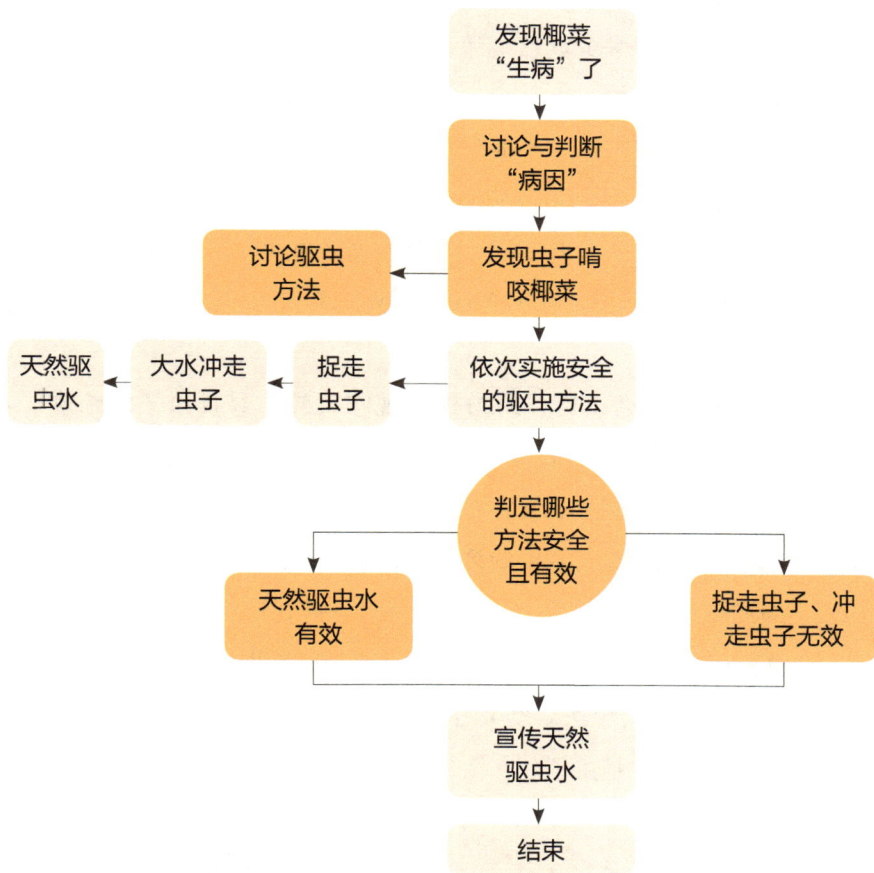

图1　项目式学习流程图

五　项目发展实录

（一）准备阶段

📖 **子问题1：是谁让菜叶子生病了？**

幼儿发现椰菜生病了以后，马上走到教师面前叽叽喳喳地说："老师老师，我们的椰菜怎么变成这样了？"

皓悦说："菜叶子上有好多洞洞！还黄黄的。"

炜言说："老师老师，椰菜是不是生病了？"

教师听到幼儿的话后，跟幼儿一起走到种植园里观察起来，发现椰菜确实大变样了，菜叶子变得枯黄，而且叶子上面有着密密麻麻的小洞。

教师问："为什么椰菜会变成这个样子呢？"

幼儿纷纷说出自己的猜测。

竣鸿说："是不是我们浇的水不够多，所以叶子变黄了？"

迪欧说："我每天都会给椰菜浇水，肯定不是因为这个原因。"

袆辰说："是有人故意撕菜叶子吗？他撕了很多洞洞。"

皓悦说："不对不对，这里有很多虫子的卵，肯定有虫子咬了菜叶子！然后虫子躲起来了。"

其他幼儿听到皓悦的话以后，纷纷仔细观察菜叶，寻找虫子的踪迹。不一会儿，袆辰大声说："我看到啦！在这里！虫子躲在这里！"幼儿纷纷凑过去看虫子在哪里。只见一条胖胖的青色虫子慢吞吞地蠕动着，小口小口地吃着菜叶子。

竣鸿着急地说："虫子在吃我们的菜叶！快赶走它！"

教师说："原来是虫子偷吃我们的菜叶，我们一起讨论讨论怎样赶走虫子吧！"

教师抓住教育机遇，发现幼儿的兴趣点以后积极提供环境与支持，尊重幼儿的兴趣，鼓励他们表达自己的想法。幼儿在教师的鼓励下大胆提出猜测，同时在观察中确定伤害椰菜的"真凶"是虫子。

图2　幼儿观察椰菜

图3　幼儿发现虫卵

图4　菜叶上的虫卵

图5　菜叶上的虫子

阶段总结

💡当幼儿发现椰菜"生病"了以后，"椰菜为什么会生病呢？"这个疑问引发了幼儿的各种猜测，他们纷纷提出了自己的想法，接着在讨论与观察中筛选掉次要的原因，最终找到了让椰菜"生病"的真凶——菜虫，这时候幼儿讨论的重点又转变成"怎样赶走菜虫"。从发现问题到提出问题再到猜测与讨论的过程中，我们看到了生活中的真实问题对幼儿解决问题思维的激发与促进作用。

（二）综合探究阶段

📖 **子问题2：有什么办法可以赶走咬菜叶的虫子呢？**

晨谈活动中，教师将早晨拍下的虫子以及生病椰菜的照片放到一体机上，邀请幼儿回顾他们发现的问题。

瑜瑜说："虫子快要吃光我们的椰菜了！椰菜叶子变得黄黄的。"

竣鸿说："我想保护椰菜，赶走虫子！"

教师马上提出一个问题："那你们会怎样赶走虫子呢？"

烨槟说："我知道，我们可以用虫子毒药毒死那些虫子。"

图6　幼儿讨论驱虫方法

其他幼儿也附和着烨槟提出的方法，但是考虑到安全问题，教师说："但是虫子毒药是有毒的，如果别人不小心摸了，还吃到肚子里，那就很危险了。我们还有什么办法既可以赶走虫子又是安全的，然后小朋友们都能做的呢？"

幼儿静静地思考一会儿。

书瑶举手说："我们可以将虫子捉走！"

烨言说："我们可以用大水将虫子冲走。"

翰林说："可以用些臭臭的水熏走虫子。我拉一个臭臭在那里，虫子就会被臭走了。"

其他幼儿听了都哈哈大笑起来。有的幼儿说："那样子太臭啦！我都不敢去了。"

教师说："是啊，这样子也很不卫生。不过翰林也提醒了我们，说不定虫子也会有讨厌的味道，我们可以做一些虫子讨厌的臭臭水赶走虫子。"

迪欧说："如果有小鸟来帮忙就好了，小鸟会帮忙吃掉虫子。"

教师说："小朋友们的想法非常多，但是有哪些方法是能够帮忙赶走虫子的呢？我们都来试一试吧。"

图7　幼儿记录的驱虫方法

1. 捕虫大队的行动

书瑶说："我有点害怕虫子，我不想用手捉虫子。"

炜言说："不怕，我们可以用树枝挑走虫子呀。"

诗桐说："我们可以用筷子！"

思远说："我记得生活区和娃娃家有小夹子，我们可以用夹子！"

于是捕虫队员们在课室的区域材料里找来罐子和小夹子，然后兴致勃勃地走到种植园里抓虫子去了。但是虫子很狡猾，它们身披绿衣服，躲在一层一层的菜叶子中间不断地咬着菜叶子。一开始幼儿都找不着虫子，他们蹲在菜地前探头探脑地找寻，但一无所获。

炜言说："哎呀，虫子是不是躲起来了？我都看不见！"

书瑶说："虫子长什么样子呢？为什么找不到它们？"

肖愚说："老师，我们找不到虫子在哪里，你有看到吗？"

图8　幼儿寻找菜叶上的虫子

教师听到幼儿的求助，也跟着幼儿一起细心观察着菜叶子。不一会儿教师就在靠近菜梗的嫩叶上发现了一条胖胖的菜虫，紧接着教师将小夹子的开口慢慢地放到虫子身体两侧，然后轻轻捏着夹子将虫子夹起来，把它放到透明罐子里。

教师说："你们看，虫子穿着绿衣服，颜色跟菜叶子很像，你们可能需要翻开菜叶子才能看到。"

幼儿看到罐子里装着胖嘟嘟的菜虫，都仔细地观察菜虫的样子。在教师的指导下，他们更加投入地观察菜叶。不一会儿思远就捉到了一条菜虫，他兴奋地跟大家说："我捉到啦，我捉到啦！"

图9　幼儿捕捉虫子

　　思远抓到第一只虫子以后，捕虫大队的幼儿信心大增，他们更加细心地观察菜叶子上的情况，不放过每一只偷吃菜叶的虫子。后来幼儿将能看到的虫子都抓起来了，他们收获了两罐虫子，把它们带回课室里。捕虫大队的幼儿都对让椰菜"生病"的虫子十分生气，其他幼儿看见罐子里的虫子后，都很兴奋地围观这些"凶手"。

　　乐晗说："原来虫子长这样！"

　　凯淇说："哇，园子里的全部虫子都抓到这里了吗？"

　　教师说："我们明天回来再看看菜地里的椰菜吧！"

　　2．冲水小组来啦

　　第二天早晨，有的幼儿早早来到幼儿园照看植物。他们观察椰菜时，发现菜叶

图10　捕获的菜虫

子上还有两条菜虫在偷偷地吃着菜叶，而且菜叶子上还有一些小小的绿色的虫卵。

　　炜言说："我们用大水将虫子冲走吧！"

　　幼儿听了纷纷表示同意，但又有了新问题："但是我们要怎样将很多的水运来冲虫子呢？"

　　炜言说："可以用水杯装水。"

　　泓劭说："那边的工具架上有很多水壶！"

　　皓悦说："我们可以问苏老师借一个大水桶。"

　　在他们讨论的时候，梓樾已经跑到工具架旁取回了许多个浇水壶，他笑嘻嘻地

说："我这里有好多个浇水壶呢！"

于是幼儿每人拿着一个浇水壶去接水。一开始他们各自选择一棵椰菜分别浇水，但是他们发现虫子根本没被冲走，于是他们一遍又一遍地跑去接水再浇水。

梓樾说："一壶水根本就没办法冲走虫子啊！"

泓劼说："要用很多很多水一下子'哗'地冲下去才行！"

炜言说："我们一起给一棵椰菜冲水吧！"

其他幼儿都同意了炜言的建议，打算一起给同一棵椰菜浇水。但是实践过后幼儿发现只有菜叶上的虫卵被冲得干干净净，而虫子则藏在菜叶与菜叶中间，被包裹得严严实实的，没有被水冲走。

图11　幼儿用水冲走虫子

图12　躲在菜叶中间的虫子

经过两天的试验，捕虫大队跟冲水小组的试验结果显示这两个方法的效果是有限的，并不能完全把虫子赶走。在晨谈活动中，幼儿分享他们的试验结果以后，大家都有点失落，因为他们发现似乎没办法赶走虫子。

这时候有幼儿想起明珠浅水湾幼儿园的浅浅悦耕园里面的植物都生长得很健康，于是皓悦问道："为什么浅水湾种的菜都看起来这么好呢？"

乐晗说："他们的菜不会有虫子吗？"

迪欧说："他们会不会有什么赶走虫子的好方法呢？"

皓悦说："我们可以再去浅水湾那里问一问他们吗？"

💡 发现让椰菜"生病"的真凶以后，幼儿纷纷提出了自己的驱虫想法。在这个过程中幼儿结合已有的种植经验提出自己的想法，并在讨论结束以后按照自己的意愿参与到驱虫实践当中。这个过程中幼儿发挥了敏锐的观察力与大胆的想象力。他们在讨论的过程中积极探求和发现事物的因果关系，针对原因大胆想象，结合自身已有经验提出各种解决问题的办法。

子问题3：什么样的驱虫水既安全又能赶走虫子呢？

1. 向浅水湾幼儿园取经

冲水方法失败以后，幼儿提出想要再次前往浅水湾幼儿园寻找更好地赶走虫子、照看植物的方法。在教师的帮助下，幼儿顺利到达浅水湾幼儿园，并在浅水湾幼儿园小五班的小伙伴的带领下再一次参观了浅浅悦耕园。幼儿边走边询问照看植物的方法以及观察菜地里是否有虫子。

皓悦说："哇，它们都长得好好！"

迪欧说："你们的菜叶子都没有虫子咬的吗？"

浅水湾幼儿园小五班的心心说："以前也会有虫子，但是现在我们赶走虫子啦。"

诗桐说："真的吗？你们是怎样赶走虫子的呀？"

浅水湾幼儿园小五班的浩浩说："快来看看我们的秘密武器吧！"

紧接着心心和浩浩带领幼儿回到课室，拿出他们赶走虫子的秘密武器——大蒜水，给幼儿介绍做法和用途。

浩浩说："我们是用大蒜水赶走虫子的。我们先把大蒜剥皮切碎，然后倒进水里面煮，煮到可以闻到大蒜的味道就把水晾凉装进瓶子里，然后就可以拿去喷到有虫子的菜叶上啦。"

图13 浅水湾幼儿园小五班幼儿教总园幼儿使用"臭臭水"

图14 小五班幼儿介绍"臭臭水"

幼儿认真地听着浩浩的介绍，也好奇地拿着大蒜水闻一闻，看一看。他们想：一定要将这个方法带回去告诉大家。

2. 分享交流

回到明珠总园以后，幼儿迫不及待地将浅水湾幼儿园的伙伴用大蒜水赶走虫子的方法分享给班上的其他小伙伴。大家听了都很感兴趣，进行了热烈的讨论。

迪欧说："浅水湾的小伙伴说可以用大蒜水赶走虫子！"

炜言说："为什么大蒜水可以赶走虫子呢？"

皓悦说："我昨天闻到大蒜水是臭臭的。"

诗桐说："大蒜是臭臭的，我吃到姜也会吐出来，它很辣。"

皓悦说："我吃过辣椒，辣椒也是辣的！"

迪欧说："辣椒比姜还要辣！"

乐晗说："那我们做一瓶辣椒水吧。"

幼儿在第二天晨谈时将带来的辣椒、大蒜、花椒、生姜等材料都放到桌面上，依次进行经验分享并感受材料特点。

图15 幼儿分享学习结果

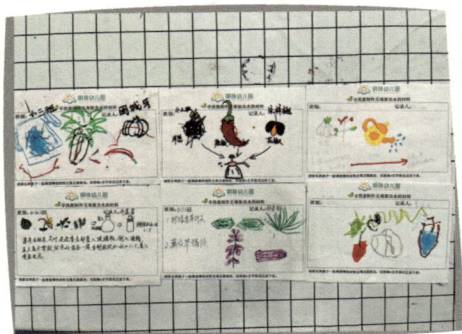

图16　幼儿的记录表

图17　幼儿探索驱虫材料

思远说："老师，我带来了一些辣椒，辣椒好辣的。"

肖愚说："老师，我觉得大蒜臭臭的，我让妈妈给我拿了一些大蒜！"

3. 尝试制作

大家决定使用辣椒和大蒜分别制作"臭臭水"，看看浅水湾幼儿园的小伙伴们介绍的大蒜水是不是真的能赶走虫子，辣椒水效果又会是怎么样。于是幼儿跟着教师来到烹饪室分工合作，处理不同的材料。

皓悦说："我想把辣椒干剪成小段。"

迪欧说："我也想做辣椒水，我可以跟你一起吗？"

诗桐说："江思远，我们一起撕开大蒜吧！"

乐晗说："我来切大蒜！"

然后，幼儿在教师的协助下分别将材料倒入煮沸的水里，煮出一锅闻着辣辣的、稍微有点熏眼睛的"臭臭水"，还有一锅大蒜水。

图18　幼儿处理大蒜

图19　幼儿切蒜片

图20 熬煮材料

图21 将"臭臭水"装入喷壶

随着勺子搅拌锅里面的"臭臭水"，一股辣辣的味道飘了出来，幼儿说："哎呀，好臭呀，虫子肯定不喜欢这个味道！"幼儿将水过滤以后晾凉，然后倒入喷壶里，"臭臭水"就制作完成了。

4. 驱虫行动

辣椒"臭臭水"制作完成并且收拾好烹饪室以后，幼儿兴奋地跑到种植园，他们想要将辣椒"臭臭水"喷到有虫子的菜叶上。他们也将浅水湾幼儿园小伙伴推荐的大蒜水带到种植园里，他们想比比看，哪一种"臭臭水"赶走虫子的效果更好。

幼儿小心地将喷口对准菜叶，只见接触到辣椒"臭臭水"的虫子明显地扭动起来，并且挪动身体躲开辣椒"臭臭水"。

幼儿开心地喊着："太好啦，辣椒'臭臭水'真的可以赶走虫子！"

皓悦说："你看，大蒜水也可以，虫子真的爬走了！"

幼儿的辣椒"臭臭水"试验成功以后，他们心里依然挂念着椰菜，因此每天都会看一看椰菜，检查菜叶子上还有没有虫子，并且做好记录。种植园里的椰菜在幼儿的悉心照料下顽强地生长着。

图22 幼儿使用"臭臭水"

图23　幼儿观察记录椰菜的生长状况

图24　观察记录表

阶段总结

💡 前两次试验时幼儿失败了，但他们没有放弃，反而主动尝试更多的方法，最终成功赶走了虫子。在试验阶段中幼儿经历了三次探索与试验，每次试验都是幼儿对问题解决方法的探求与验证，在这个过程中幼儿始终围绕着核心问题——"怎么保护菜叶不生病？"开展。这一核心问题完成了从"是什么"到"怎么办"的问题探索。在驱虫方法的试验过程中，幼儿经历了试验与验证方法是否成功的体验，这些体验激发了他们的批判思维，他们从中学会了主动思考与验证方法的可行性。

（三）成果汇报阶段

1. 驱虫水分享会

幼儿每天都去检查椰菜的生长情况，他们发现在"臭臭水"的帮助下，虫子真的消失了，新长出来的嫩叶子也没有虫眼了，大家都十分开心。突然有一天，思远发现隔壁菜地紫甘蓝的菜叶上也出现了一个个小洞洞，他跟同伴经过观察后发现有虫子在咬菜叶。

思远跑来跟教师说："老师，隔壁班的菜也有虫子咬了，我可以用'臭臭水'帮帮他们吗？"

教师说："可以啊，我们带上我们做的'臭臭水'，去跟隔壁班的伙伴们介绍介绍吧！"

图25　幼儿宣传"臭臭水"

图26　幼儿分享制作"臭臭水"的材料

图27　诗桐分享"臭臭水"

图28　思远分享观察记录

思远和小伙伴们一同来到小一班，他们热情地介绍自己制作的"臭臭水"。

幼儿说："小朋友们好，这是我们做的'臭臭水'。"

迪欧说："这是可以赶走菜虫的'臭臭水'。"

思远说："我们用了大蒜、辣椒、花椒制作'臭臭水'。"

诗桐说："你们可以用'臭臭水'来赶走紫甘蓝上的虫子。"

小一班的幼儿听了以后十分感兴趣，于是主动凑上前来摸一摸、闻一闻制作"臭臭水"的材料，思远还把自己的观察记录拿给小一班的幼儿看。小一班的幼儿听完分享后，愿意尝试用"臭臭水"去赶走紫甘蓝上的虫子。

图29　小一班幼儿试验"臭臭水"

2．展示会

这一次的成功宣传让幼儿更加坚定了向大家介绍他们制作的"超好用的'臭臭水'"的决心，于是他们提出了一个想法："老师，我想去告诉大家我们的'臭臭水'可以赶走虫子！"

教师说："可以啊。你们想要怎样告诉大家呢？"

肖愚说："我们可以去到他们班上说。"

诗桐说："可是有好多哥哥姐姐的课室，一个个跑太累了。"

思远说："我们可以贴个东西，让经过的哥哥姐姐全都能看见我们做的超级'臭臭水'。"

诗桐说："就像我们课室走廊墙上的纸吗？老师您可以帮我们做吗？"

教师说："可以啊，我来协助你们做个主题活动墙吧。"

迪欧说："我们还可以做一本小书，告诉大家我们的'臭臭水'怎么做。"

皓悦说："好呀好呀，我来帮忙画画！"

幼儿讨论过后马上采取行动，大家齐心协力，完成了主题墙和驱虫小书的制作。

图30　幼儿帮忙张贴主题墙

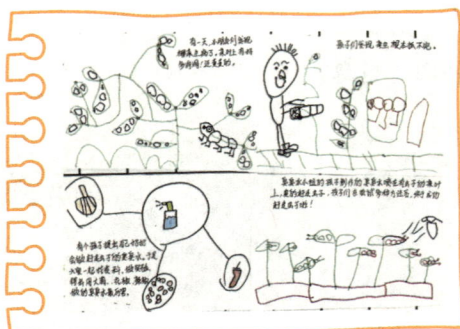

图31　驱虫小书

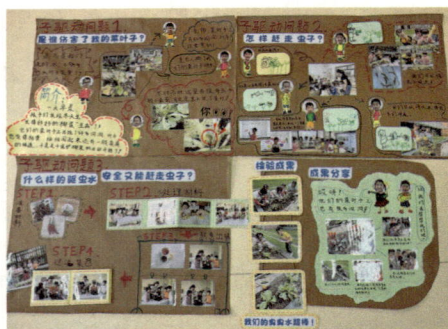

图32　"虫虫哪里逃"主题海报

阶段总结

💡 幼儿成功赶走虫子以后并没有停止观察，他们依旧悉心照料椰菜，同时也用敏锐的观察力发现了隔壁班的紫甘蓝有同样的菜虫问题，于是热心地向其他班介绍起自己制作的"臭臭水"。在这个阶段中，幼儿主动参与到分享宣传活动中，他们将自己的观察记录、原材料以及"臭臭水"带到小一班，在跟小朋友的交流与分享中发展了语言表达能力，提升了社会性交往能力。

六 项目总结与反思

（一）项目总结与回顾

项目起源于幼儿参观看到浅水湾幼儿园的浅浅悦耕园里苗壮又健康的植物，萌发种植植物的浓厚兴趣。没多久，幼儿发现椰菜"生病"了，他们想要找到给椰菜治"病"的方法，因此围绕着椰菜"生病"的原因提出了很多猜测。幼儿提出猜测后，教师引导幼儿观察与判断他们的猜测是否属实。在幼儿明确导致椰菜"生病"的原因是菜叶上有虫子之后，他们又提出想要"赶走虫子"的想法，于是就有了"探寻驱虫方法"的行动。幼儿根据自身经验提出各种方法，同时，集团化办学背景为项目开展实地调查与实验活动提供了基础保障，本次项目活动充分利用集团里不同幼儿园的资源，多次到浅浅悦耕园进行实地探究和互动交流，助力幼儿找到安全有效的驱虫方法。

在活动中，教师了解到幼儿真实的内心需求，引导幼儿回顾、梳理问题的关键点，帮助幼儿清晰地了解自己接下来要做什么、怎样做等，同时鼓励幼儿多去尝试，以提问、猜想、实践的方式去多次探索。幼儿的表征明显比上一次更为生动翔实，在从"问题提出"到"实践操作"的过程中，幼儿的个性表达得到了支持，在学习过程中幼儿的主动表达意愿增强了，表达机会也变多了，幼儿解决问题的能力也有所提升。原来不能发现问题的幼儿，在同伴的提醒下不仅发现了问题，还能试图寻找解决办法；不能独立解决问题的幼儿，能在同伴的帮助下学会解决问题；能独立解决问题的幼儿，也学会了帮助同伴解决问题。

（二）项目反思与发展

1. 项目源于生活又高于生活

此项目源于幼儿的生活，在日常照料种植园的过程中，他们发现椰菜"生病"了，为了拯救椰菜，幼儿围绕着"为什么—怎么办"进行思考与探索。教育源于生活又高于生活，在真实的生活情境中，幼儿发现了问题，激发了他们探讨的欲望，于是在教师的积极引导下，幼儿开展了此次项目式学习活动。通过参与这次活动，幼儿不仅掌握了既安全又有效的驱虫方法，而且在思考与试验的过程中培养了自身解决问题思维以及批判性思维。

2. 项目延伸激发新的兴趣点

捕虫大队顺利抓捕虫子后，部分幼儿对虫子产生了浓厚的兴趣，他们很爱观察罐子里的虫子，教师可以借此机会引导幼儿提出新的问题，开展新的项目式学习，从而促进幼儿在原有项目的基础上不断深入学习，不断完善自身的认知结构，使得项目得以延伸与持续发展。

3. 项目学习可进一步加深

在项目式学习的过程中，幼儿找到了更为安全有效的驱虫方法——制作驱虫水，他们制作并喷洒驱虫水以后观察到了明显的效果，但其实喷洒驱虫水以后可以继续深入观察与记录每次喷洒多少驱虫水合适、隔多长时间喷洒驱虫水合适。在持续对比观察与记录的过程中，幼儿能够形成更为严谨科学的观察实验意识与习惯。

（三）项目与教师专业能力的连接

1. 教师角色转变为儿童学习的支持者与合作者

"虫虫哪里逃"项目活动来源于幼儿在种植园真实的情境发现，当幼儿发现菜叶上的虫子对种植园的蔬菜产生伤害时，教师巧妙地抓住了幼儿的兴趣，引导幼儿发现问题、探究问题、解决问题，同时提供有力的支持，例如有目的的提问、制作观察记录、带队访园交流、家园共育等，让幼儿在项目中主动学习、深度学习。

项目式学习的核心特征是幼儿的主体性，在项目中教师要从知识的传授者转变为学习的引导者，从教学的中心转变为学习的助手，从教学的规范者转变为学习的评价者。所以在项目开展的过程中教师应不断进行调整，一方面"做加法"，打开思路，以更加开放的心态面对幼儿的发现，不断为幼儿提供支持，更加注重发挥幼儿同伴和家长的支持作用；另一方面"做减法"，更加注重幼儿的批判性思维，在寻找"真凶"以及提出驱虫方法的过程中，引导幼儿对别人提出的想法进行辨别、分析、判断，筛选出更为合理的想法，也排除一些不合适的建议，而不是一味鼓励幼儿去尝试。整个项目式学习的设计和实施过程不单促进了幼儿的深度学习，也推动了教师的专业能力提升。

2. 抓住儿童兴趣点，开展随机教育

本项目源于幼儿的种植活动发现的问题，问题的出现激发幼儿探究原因并寻找解决方法的兴趣。在本次项目式学习的过程中，教师始终保持高度的教育敏感度，留意幼儿的兴趣点所在，并及时引导他们在每个阶段提出不同的问题，鼓励幼儿大胆说出自己的想法，支持他们参与实践。

（四）项目与幼儿

1. 项目源于幼儿生活，促进深度学习与自主探索

本项目式学习源于幼儿的种植活动，问题产生于他们在种植椰菜时遇到的困难，因此此项目对于幼儿而言具有极强的情境性以及趣味性，项目与他们的种植活动紧密联系，也帮助他们在学习与探索的过程中解决遇到的问题。因此在项目开展过程中，幼儿具有极强的自主学习积极性，能积极发表自己的见解，根据自身经验提出方法，并且积极参与到实践当中寻找问题的解决方案，最终也在项目式学习中提升了自主学习能力。

2. 大胆猜测，小心求证，促进批判性思维发展

在寻找椰菜生病的原因时，幼儿大胆猜测，小心求证。最终，他们在讨论与实地调查当中查找到使得椰菜生病的"真凶"是菜虫，进而激发寻找驱虫方法的欲望。于是，幼儿围绕着"有什么办法可以赶走咬菜叶的虫子呢？"的问题再次展开激烈的讨论，并提出多种解决方法，紧接着他们分组试验驱虫方法的可行性。在提出猜测到试验结果推翻猜测的过程当中，幼儿的批判性思维得到发展。

3. 从提出猜测到收获成功，提升问题解决能力

第一、第二次驱虫行动以失败告终后，幼儿提出"臭臭水"是真实有效的，因此幼儿开始新一轮的试验操作，并且成功驱赶虫子。在这个项目式学习过程中，幼

儿经历了"发现问题—提出问题—提出假设—验证假设"的流程，促进了解决问题能力的提升，成功驱虫的体验还能有效提升幼儿的自信心与成就感。

项目 ② 小鸭学武记

年龄段：小班

记录老师：周敏婷　梁绮丽　张巧明
李海婷　谭春霞　赵雯

一　项目缘起

明珠幼儿园教育集团以岭南武术作为办园特色，深耕此领域十多年，自主研发了以武术为核心内容的武悦课程，而武悦剧作为"武悦+"的延伸课程，是浅水湾分园的一大亮点，浅水湾园区整体环境具有浓厚的戏剧氛围，戏剧元素遍布幼儿园每一个角落。

一天，园长宣布："总园的小伙伴们准备来浅水湾分园访园啦，我们想想如何招待他们吧！"听到这个消息，幼儿瞬间兴奋得像炸开了锅，既期待又好奇："总园小伙伴来浅水湾访园，就像家里来客人一样。""可以带他们去玩大型玩具，去大草坪露营。""我们还可以给他们表演戏剧！"恩恩的一句话瞬间引起小伙伴的共鸣，他们一致表示要给访园的小伙伴们表演戏剧。戏剧是浅水湾分园的一大特色，可"选什么故事表演""如何创作剧本""角色怎么分工""需要什么道具""道具如何制作""如何表演"等一系列问题都困扰着幼儿，为了满足幼儿的好奇心和表演欲望，支持幼儿在探索的过程中发现问题、提出问题，并尝试解决问题，一场以幼儿为主体的戏剧项目课程悄悄拉开了序幕。

二　学情分析

小班幼儿对周围的世界充满好奇，他们喜欢探索和尝试新事物，语言理解能力逐渐增强，词汇量逐渐扩大，但还不太会表达自己的想法，因此他们常常通过故事和角色扮演游戏满足自身想象和创造的需求，并在扮演游戏中激发语言表达能力，满足艺术表演的需求。

戏剧创造性表演需要幼儿共同合作才能完成，小班阶段的幼儿开始学习与同伴交往，社交技能初步形成，也乐意与他人合作游戏。戏剧探索活动可以通过合作创剧、角色分配、分组排练等方式，让幼儿学习分工合作、相互配合，调动幼儿已有的生活知识和经验，在不断探索的过程中提高解决实际问题的能力，并培养幼儿的舞台表现力、合作意识和创造能力，提升他们的自信心和艺术素养。

三 驱动问题

根据幼儿提出的问题，教师梳理驱动性问题，开启戏剧创造性表演探究之旅。

核心驱动问题：

如何演一出戏？

子问题：

1. 什么是戏剧？

2. 如何选剧？

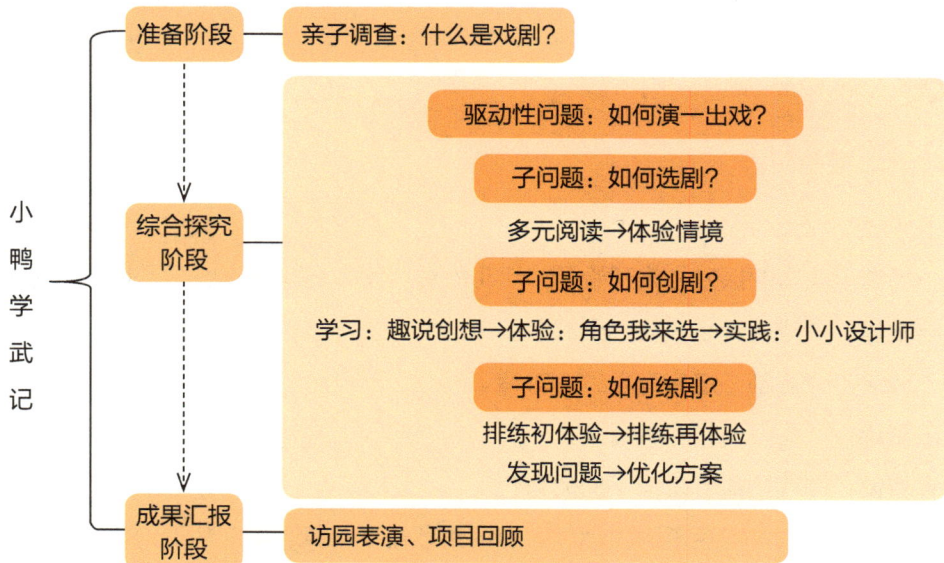

图1　项目实施路径图

3. 如何创剧？

4. 如何练剧？

四 项目目标

（一）认知目标

1. 知道什么是戏剧。

2. 能说出戏剧的基本元素。

（二）技能目标

1. 会运用图画符号等方式记录、表达自己的想法。

2. 积极参与戏剧活动，运用肢体动作、表情、语言及声音等多种方式大胆表演，大胆表达自己的想法和情感。

（三）情感目标

1. 愿意尝试解决问题，体验探究的乐趣。

2. 喜欢戏剧，愿意和小伙伴一起参与戏剧表演。

五 项目发展实录

（一）准备阶段

📖 子问题1：什么是戏剧？

一场源于戏剧的探究之旅开始了，幼儿针对"什么是戏剧"展开了热烈的讨论。

晗晗说："戏剧就是表演一个故事。"

子茵说："戏剧一定有音乐、有对话。"

阳阳说："需要制作一些道具。"

睿睿说："戏剧需要扮演不同的角色。"

诚诚说："有的角色需要做动作，有的角色需要跳舞。"

紫岩说："我们的特色是武术，每个小朋友都会打武术。"

图2　幼儿探索讨论

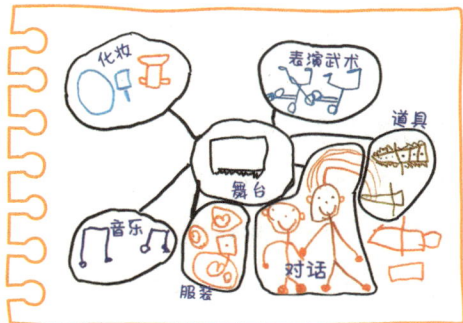

图3　幼儿表征

霖霖说："那我们选一个和武术有关的故事。"

1. "什么是戏剧"的亲子调查

围绕"什么是戏剧"这个话题，幼儿显然都有话说，他们自由表达，在交流中，每个幼儿都大胆地与同伴分享自己关于"戏剧"的经验和想法。顺着幼儿的兴趣经验，我们开展了一场关于"调查戏剧"的亲子活动，让幼儿利用周末时间，和爸爸妈妈通过去剧院、去图书馆、查阅网络资源等渠道，在爸爸妈妈的帮助下，把自己对戏剧的调查发现记录下来，并完成简单的戏剧亲子小报。

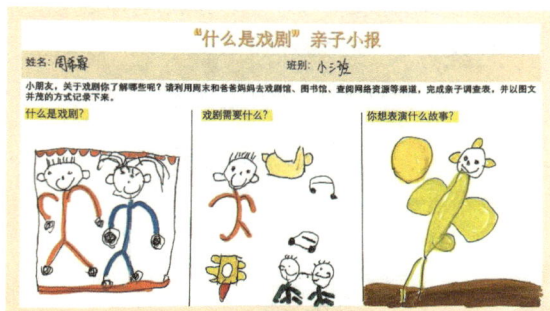

图4　戏剧亲子小报

图5　幼儿表征

2. 亲子调查分享

通过亲子小报，幼儿交流了自己的探索和发现，根据交流后的整理，幼儿一致认为，要演一出戏，前提是先选取一个能够吸引观众的故事作为戏剧的内容。表演的故事怎么选呢？在新一轮问题的推动下，幼儿继续探索，围绕戏剧的必备元素，如表演的故事、剧本的创作、演员的分工、道具等问题进行进一步讨论。

3．邀请戏剧老师进课堂

为了丰富幼儿的戏剧知识经验，让幼儿深刻了解戏剧文化，感受戏剧表演的魅力，我们邀请戏剧老师进入课堂开展了一次极具趣味性的戏剧游戏活动，带领幼儿体验不一样的戏剧表演，发挥想象，探索浩瀚的戏剧世界。

课堂中，戏剧老师邀请在场幼儿与其一同参与"猴子翻跟头"的表演，老师通过手偶故事剧场把幼儿带入生动的故事情境，引导幼儿初步了解剧本创作、情节想象、肢体动作、舞台道具等戏剧能力，增进幼儿对戏剧文化、戏剧表演的认知。

阶段总结

1．鼓励幼儿在集体中大胆表达

在项目式学习中，幼儿往往会亲身经历每一个过程，所以他们都有话可说。在思维碰撞的过程中，他们既能在集体中分享自己的想法，也会愿意倾听同伴的分享。

2．民主投票解决问题

民主投票的方式可以给予幼儿自主选择的权利，教师只是幼儿背后的支持者。前期的亲子戏剧调查，让幼儿可以通过多渠道探索与分享，加深对戏剧话题的认识与了解，为后续的一系列活动积累经验。

（二）综合探究阶段

子问题2：如何选剧？

探究阶段❶ 讨论"表演的故事"话题

自主阅读时间到了，幼儿欣喜地发现有许多有趣的绘本，他们自然而然地讨论起"表演的故事"这个话题。

宇瀚说："我想表演《佛山黄飞鸿》的故事，他在擂台上舞狮子太威风了。"

紫岩说："黄飞鸿是要爬高桩表演舞狮子的。"

晗晗说："那太难了，我们的武术还没有这么厉害。"

霖霖说："表演《小鸭子过桥》吧！我想扮演小鸭。"

诚诚说："《小公鸡和它的好朋友》里面有更多小动物，小伙伴们可以扮演不同的动物打功夫。"

图6　幼儿自主阅读

图7　分享对绘本的看法

潼潼说："我觉得《花花学武记》适合，大家可以一起跟着花花练习武术。"

叙叙说："我觉得《小公鸡和它的好朋友》这个故事挺有趣，角色容易模仿。"

紫岩说："我觉得《小鸭子过桥》很好玩，鸭妈妈带着小鸭子一起玩过桥的游戏，最好玩了。"

讨论的过程中，幼儿选择故事的意见不一，有的想选《佛山黄飞鸿》，有的想选《小鸭子过桥》，有的想选《小公鸡和它的好朋友》。在陷入选择困难之后，幼儿协商用投票的方式决定表演哪个故事，"少数服从多数"成为他们解决意见不一致的好方法。最终，通过集体投票，《小鸭子过桥》在众多故事中脱颖而出。

探究阶段 ❷ 怎样选表演的故事？

1. 多元阅读，熟悉故事

基于幼儿的兴趣，我们开展了《小鸭子过桥》的集体教学活动，区域自主游戏时间、餐后活动中也能看到幼儿阅读此故事的身影。

图8　参与《小鸭子过桥》活动

图9　自主探究故事情节

2．创意表征，体验情境

教师问："你们最喜欢《小鸭子过桥》故事中的哪个情节？"

宇瀚说："我喜欢小鸭子一起学习武术的画面，太威风了！"

熙熙说："一开始的时候，小鸭子过桥一晃一晃的，我很担心它们会掉到河里去。"

幼儿纷纷开始用表征的方式记录绘本中的故事情节。

教师问："还会发生哪些有趣的事情？"

阳阳说："我想小兔子变成一只武艺高强的动物，教小鸭子打功夫，帮助它们过桥。"

诚诚说："小鸭子成功过桥后，我想小鸡煮好美味的鱼虾招待它们。"

子墨说："我想搭建一座高架桥，让小鸭子直接走过桥。"

📖 **子问题3：如何创剧？**

1．快乐分享，趣说创想

幼儿大胆创编故事情节，生动地分享着自己的创想，他们你一言我一语，很是热闹。就这样，幼儿合作创作的剧本诞生了！他们还给剧本起了一个好听的名字，叫作"小鸭学武记"。

图10　幼儿创编戏剧剧本

2．角色我来选

紫岩说："我们的角色有小鸭、小鸡、小兔、鸡妈妈、鸭妈妈。"

恩恩说："我来演小鸭，我喜欢打武术。"

婷婷说："小鸭需要会游泳的小朋友来扮演。"

雨宸说："我想演小鸡，小鸡太可爱了。"

子茵说："找一个武术打得最好的小朋友扮演小兔，因为小兔武艺高强，马步扎得稳。"

教师问："大家都想演同一个角色怎么办？还有几个角色没演员怎么办？"

大家经过讨论，决定开展角色竞选，小演员现场结合动作、表情、语言扮演自己想竞选的角色，最后观众投票选出最合适的演员。

图11　幼儿角色竞选

图12　幼儿投票

3. 小小设计师

角色确定下来后，幼儿迫不及待地讨论表演的道具。经过讨论，大家觉得需要制作一座桥梁、一座房子以及设计各种动物角色的服装。

教师问："我们应该用什么材料制作桥梁和房子？"

幼儿认真地对桥梁、房子进行设计，并一一分享自己的设计想法。

宸宸说："我设计的桥梁中间有个大大的洞，人可以从上面走过去。"

玥玥说："我设计的房子颜色跟小鸡身上的颜色是一样的，别人一看就知道这是小鸡的房子。"

睿睿说："我希望房子可以有很多窗户，透过窗户可以看到漂亮的风景。"

婷婷说："桥梁可以制作一棵大树来

图13　房子、小桥设计图

代替。"

　　睿睿说："大树用什么材料做呢？"

　　婷婷说："可以用纸。"

　　瑶瑶说："纸很薄，风一吹就倒了。"

　　由于小班幼儿对材料的认识比较有限，于是，教师提供了支持，建议大家用泡沫板和纸皮两种材料，于是幼儿自主分成两个小组开始尝试制作道具。

　　幼儿画一画，剪一剪，互相合作，一次又一次地进行改良。终于，桥梁和房子制作好了。

图14　幼儿制作房子

图15　幼儿制作小桥

　　关于表演服装的制作问题，经过讨论，幼儿一致认为要先完成服装设计稿，再请求家长协助购买。由于角色不同，所需服饰不一样，于是幼儿自主分组，各自设计不同角色的表演服装。

图16　幼儿设计的表演服装

📖 子问题4：如何练剧？

👉 探究阶段 ❶ 排练初体验

初次排练时，由于角色较多，幼儿一兴奋激动就忘了出场顺序，这么多人的合作表演对于幼儿来说是一个新的挑战。

基于初次排练出现的出场顺序混乱现象，教师组织幼儿开展了"怎样让表演更有序？"的讨论。

玥玥说："要排队按顺序出场，没有轮到的小伙伴在后台等着。"

婷婷说："我们可以画张顺序图，忘记的时候可以看一看。"

图17　幼儿表征

图18　幼儿体验有序出场

图19　幼儿尝试站位

👉 探究阶段 ❷ 排练再体验

再次排练时，在第一次的经验总结后各个角色能有序出场，可是随之而来的问题是，过程中大部分幼儿表现紧张，表情僵硬，不会笑，没有注视观众，动作上马步扎不稳，武术动作缺乏力量。怎么办？

讨论后幼儿认为，可以通过对着镜子练习表情、同伴间相互模仿学习、请大班哥哥姐姐进行武术动作指导、亲子角色扮演等方法解决这次排练发现的问题。

图20 练习表演

图21 哥哥进行动作指导

阶段总结

💡 在问题驱动下，教师给幼儿提供了开放的、自主化的学习机会，幼儿始终保持主动的学习态度，比如：在遇到有些角色被多人选择、有些角色没人演的问题时，他们能主动一起讨论、交流，想办法解决问题，这远比教师去授予想法更有意义。在竞争角色的过程中，幼儿大胆想象，积极参与，用丰富的表情、生动的语言、夸张的动作展现了自己的角色。通过大胆想象、相互合作，幼儿完成了剧本的创作。排练过程中，幼儿针对发现的一个个问题，积极想办法解决。由此可见，在项目推进的过程中，他们是主动、自信、敢于创新的学习者。

（三）成果汇报阶段

1. 邀请访园小伙伴观看戏剧表演

访园活动即将到来，如何向总园小伙伴宣传我们创作的戏剧呢？根据前期生活经验的积累，幼儿提出设计宣传海报的一些想法。

阳阳说："我们是小鸭学武，肯定要有小鸭。"

诚诚说："还有帮助它们的小兔子。"

熙熙说："那我们分工合作，有的画小兔，有的画小鸭，有的画功夫人。"

珍珍说："把班级和剧名也写上去，这样大家就认识我们了。"

通过讨论，大家一致认为：海报的内容应包含时间、地点、角色以及装饰图案。在教师的指导下，幼儿开始进行角色和装饰图案的绘画，最终通过粘贴、组合的方式完成了《小鸭学武记》的宣传海报。他们把海报摆放到幼儿园的大门口进行现场宣传，让总园小伙伴看到这场戏剧的精彩诞生过程。

图22　幼儿绘制宣传海报

图23　宣传海报成果图

幼儿经过多次排练、优化，对如何演好一出戏有了深刻的认识。终于，一场由幼儿自主策划的武悦剧《小鸭学武记》登上了访园的表演舞台。在舞台上，幼儿绘声绘色地进行表演，他们精彩的表现获得了总园小伙伴们的一致好评。

图24　幼儿进行表演

2．回顾分享会

如果项目化学习是以问题为主线，那么项目回顾则是隐藏在整个项目化学习中的副线。访园活动结束后，教师引导幼儿进行了项目回顾，有的幼儿用图画的形式描述了戏剧的特征，有的幼儿表达了和伙伴们合作创剧、制作道具的快乐，有的以小组海报的形式分享戏剧表演过程中的收获和感受。幼儿通过多种方式，对形成的想法和探究的结果进行表征、论述，对过程和成果进行总结、传达、分享。

　　阳阳说：　"戏剧包含了故事、音乐、武术、对话、动作、表情等方面。"

　　文文说：　"我们创作的剧本太有趣了。"

　　楠楠说：　"和好朋友一起制作道具很好玩，我认识了很多材料。"

　　欣欣说：　"表演的时候我的眼睛一直看着观众，太棒了！"

　　知知说：　"我出场的顺序对了，和小伙伴配合得很好。"

　　妍妍说：　"我觉得阳阳很厉害，他过小桥的时候马步很稳。"

　　诚诚说：　"我喜欢小兔子的表演，武术打得太有力量了。"

　　熙熙说：　"我觉得大家在舞台上都表演得很认真。"

　　欣欣说：　"我们的表演获得了观众的一片掌声。"

　　安安说：　"我们穿上表演服后，个个都精神满满的。"

图25　个人分享记录

图26　小组分享记录

　　项目回顾后，幼儿的过程性记录、个人海报、小组海报等表征在教师的指导下生成了课程故事展，展板不仅呈现了幼儿的整个学习过程和项目探究的来龙去脉，更是幼儿言行的生动再现，也表明了幼儿是项目课程的主角，教师则在追随、支持幼儿的兴趣和好奇心。

图27　课程故事展

阶段总结

　　项目活动的开展不仅仅体现了专一领域性的阶段持续发展，同时也很好地呈现了多领域的有效合作。它也是个别化学习、小组学习的有效成长途径之一。在同幼儿一起进行"小鸭学武记"项目探究的过程中，跟随幼儿的兴趣点逐渐深入，以幼儿为主推进项目进程。整个阶段，幼儿处于主动学习的状态，在实践中发现问题，通过讨论、查阅资料形成问题解决方案，从而解决问题。通过项目活动中的自主探究、协商合作、实地考察，幼儿在做中学习，在做中发展，在做中突破。

　　这次的探究之旅虽然已告一段落，但和幼儿一起从调查戏剧到挑选故事、创作剧本、角色竞选、制作道具、多次排练再到登台表演，在戏剧项目开展的过程中，教师及时观察发现幼儿的兴趣需要，随时倾听幼儿的谈话和问题，同时看到了幼儿的多种学习方式，比如同伴之间分工合作、解决问题，以及在活动开展中的多元表达等，与幼儿一起探究的过程，也给了我们新的思考。

六　项目总结与反思

（一）项目总结与回顾

　　项目式学习是一个问题解决的过程，是一个环环相扣、递进式的认知过程。本次戏剧探究，幼儿紧紧围绕"如何演一出戏"的驱动问题展开，活动从调查戏剧、体验戏剧到选择故事、创作剧本、角色竞选、制作道具，再到排练初体验、排练再体验，最后到戏剧表演，整个过程中，幼儿始终充满热情：问题产生时，他们能积极寻求方法解决问题；戏剧体验时，他们又充满创意，不断创新。同时我们也看到了幼儿之间分工合作、多元表达等学习方式。

此戏剧项目推进的活动中，幼儿的认知与艺术表现同时得到了发展。小班幼儿对戏剧有着浓厚的兴趣，此年龄阶段的幼儿主要以观察、模仿角色的动作、语言、表情等元素逐渐理解角色在戏剧中的作用和意义。项目开展的过程中，幼儿通过直接感知、实际操作、亲身体验等方式发现了关于戏剧的许多小秘密。在不断尝试、探索解决问题的过程中，幼儿对戏剧的认知也越来越深入。比如，在戏剧初体验探究活动中，当他们发现小演员在舞台上表现紧张、表情僵硬的时候，他们会想到小演员可以在台下尝试对着镜子练习表情；当他们发现做马步、弓步的动作不规范、缺乏力量时，他们会想到请哥哥姐姐来进行武术动作指导。这次戏剧项目不仅满足了幼儿的好奇心、提升了幼儿认真专注的良好学习品质，使幼儿养成了商量、合作、互助等良好习惯，还培养了他们的艺术表现力与创造力。

在项目开展过程中，教师是观察者，密切观察幼儿在这一学习方式中的行为表现和参与程度；教师也是支持者，支持幼儿提问和发现，支持幼儿自己探究寻找答案的方式；教师更是鼓励者，鼓励幼儿了解、搜集、对比各类探究行为，从而从各个方面促进幼儿高阶思维能力的发展。

（二）项目反思与发展

1. 相信幼儿，鼓励试错

项目化学习活动是没有统一的路线和蓝本的，这就意味着每一步探索都可能会出错。这个项目中，幼儿在美工区尝试用不同的材料制作道具，成品要么太小，要么太轻，最后在教师的引导和支持下选择了泡沫板和纸皮进行制作。这样的"出错"是幼儿探究中的常见现象。作为教师，尊重和接纳幼儿的试错是非常重要的。同时，我们需要提供支持性的环境氛围、材料和探究的时间与空间，让幼儿在操作及交流讨论中发现错误，进而修正错误。试错的过程同时也是幼儿自我学习的过程。

2．静静地等，相信幼儿是有能力的学习者

通过自主策划，幼儿表演了一出好戏，在整个过程中，幼儿选择故事，创作剧本，梳理过程性经验，促进了他们秩序感的建立。同时，驱动性问题"如何演一出戏"的提出，调动了幼儿主动学习的积极性，他们尝试以合作的形式解决问题。教师则需要静静地"等"，给幼儿解决问题的时间和空间。

3．活动项目化，促进幼儿对真实问题的关注和解决

积极的学习方式会对幼儿的学习质量产生重要影响，因为它不仅影响幼儿的学习动机和学习情绪，还会影响幼儿内隐的学习心智，而这些学习心智决定着幼儿对学习的认知及行为选择。在项目学习中，幼儿可以积极地投身到那些能激发他们好奇心的问题探索中去：如何创作一个吸引观众的剧本？怎样演好这个剧本？演出时出场顺序混乱怎么办？教师的提问和点拨，同伴间的评价和帮助，让幼儿在探究中不断聚焦和厘清问题，直至解决问题。

4．推进戏剧项目化课程探究多元化

从调查戏剧到挑选故事、创作剧本、分配角色、制作道具、多次排练再到登上舞台，幼儿的艺术表达较之前有了很大进步，活动形式也从原来的单一、重复性表演变成了多区域联动，有效地提升了幼儿参与戏剧项目的自主性、创造性及深入性，提升了幼儿的学习品质。

项目 3　益智搭恐龙

年龄段：中班

记录老师：岑韵晴　陈雅丽　蓝伟苑
　　　　　张丽丽　余婉婷　孙凯怡

一　项目缘起

去浅水湾分园中五班访园的时候，班级幼儿被中五班小朋友开展的恐龙主题游戏深深吸引了，他们一起玩了很多不同区域的恐龙游戏。回到自己幼儿园时，班级

幼儿不由得讨论起恐龙的话题。教师针对幼儿提出的想法，组织了一次关于恐龙的讨论会，幼儿最后一致决定要搭建一只大恐龙，于是关于"益智搭恐龙"的项目化学习开始了。

在该项目研究中，幼儿在科学方面可能会探究恐龙的外形及身体结构特征，在工程方面可能会探究如何设计与搭建立体恐龙，在数学方面可能会探究到空间架构、材料数量、恐龙大小等问题，在艺术方面可能会探究到恐龙表征与设计……该项目具有多维的学习价值，能满足中班幼儿发展水平，符合中班幼儿通过动手游戏来进行思考的思维方式，有利于提高中班幼儿的学习品质，增强项目成员之间的社会交往性，并对恐龙和搭建恐龙有更深刻的认识与了解。综上，可以判断"益智搭恐龙"项目具有成立的可行性。

二 学情分析

幼儿处于中班下学期年龄阶段，具体形象性是班级幼儿尤为突出的特点，他们对周围的事物非常好奇，总爱提问，游戏能力和水平有明显发展。在搭建水平上，班级大部分幼儿已经掌握叠高、架空、连接的技能，能够根据搭建物体的特性选择合适的搭建材料，搭建活动有主题，但主题不稳定，容易发生变化。

恐龙是幼儿很喜欢的动物，在本次"益智搭恐龙"项目中，幼儿对"恐龙类型、样子""搭建技巧"已有了基本认知与生活学习经验，这是支持幼儿顺利开展项目的重要条件。

三 驱动问题

在恐龙讨论会上，幼儿纷纷提出"恐龙都长得一样吗？""可以用什么来搭建恐龙呢？""能不能搭一只与其他人搭的都不一样的恐龙呢？""恐龙可以有魔法吗？"等问题。教师对幼儿提出的问题进行梳理与分析，最后总结得出本项目的核心驱动问题和子问题。

🖥 **核心驱动问题：**

如何搭建立体大型、具有"魔法"的恐龙？

📙 **子问题：**

1. 不同种类恐龙的外形与身体结构特征分别是什么？

2. 哪种材料更适宜搭建立体大型的恐龙？

3. 如何搭建、组装立体大型的恐龙？

4. 怎样把搭建的恐龙变得有"魔法"？

四 项目目标

（一）认知目标

1. 知道不同类型恐龙的外形与身体结构特征。

2. 了解不同搭建材料的特性。

（二）技能目标

1. 尝试制定搭建计划，并用常见的几何形状画出所搭建恐龙的造型与结构。

2. 尝试用连接、架空、拼接、垒高、组装和使用工具等方法来搭建立体大型恐龙。

3. 尝试用多种材料、绘画等不同的表现手法装饰恐龙，能比较完整、清晰地表达对搭建恐龙的探索感受和发现，提高发现问题、解决问题的能力。

（三）情感目标

1. 体验小组合作、同伴合作的乐趣。

2. 乐于探究，形成敢于探究的科学精神。

五 项目发展实录

（一）开始阶段

一次访园活动，浅水湾分园幼儿开展了恐龙主题活动，他们在班上听恐龙故事，在区域中玩恐龙游戏，引发班级幼儿的浓厚兴趣。因此，回到本幼儿园班级后，幼儿组织了一场关于恐龙的问题讨论。

图1　熠熠在浅水湾分园分享黏土恐龙作品

图2　熙熙在本园恐龙讨论中分享想法

在幼儿讨论结束后，教师发现班级大部分幼儿对恐龙兴趣及探究问题主要建立在已有的浅水湾游戏经验上，如"画恐龙""黏土做恐龙"等。为了更好地引导幼儿深入地挖掘关于恐龙的学习与游戏兴趣，教师抓住幼儿在谈论中对"搭建恐龙"的兴趣，以"我们要怎样搭建恐龙"为讨论主题，与幼儿共同开展第二次恐龙讨论，并总结了本项目的驱动问题。

熙熙说："我想搭建霸王龙，霸王龙是什么样子的呢？身体怎么搭建呀？"

翔宇说："我可以用班上的百变吸管来搭建吗？"

颖颖说："恐龙有这么多种，我们可以搭哪些恐龙？"

玥玥说："我们要把全部恐龙都搭出来吗？"

阳阳说："我想搭一只比人高的恐龙，可以用什么材料搭呀？"

韵婷说："我可以给恐龙搭一件'衣服'吗？怎么搭才可以看上去有'魔法'呀？"

（二）综合探究阶段

🟡 **子问题1：不同种类恐龙的外形与身体结构特征分别是什么？**

1. 恐龙分享交流会

当搭建立体大型、具有"魔法"恐龙的想法产生时，幼儿首先对"恐龙的外形与身体结构特征"感到困惑，于是他们打算回家后在爸爸妈妈的帮助下，通过查阅绘本、观看视频的方式来认识不同恐龙的名称以及它们的外形和身体结构特征。回到班上，幼儿聚在一起分享从家里带来的恐龙模型，开展了一场"我认识的恐龙"分享交流会。

在分享交流会上，通过对恐龙的信息分享，幼儿初步了解到一些恐龙的名称和外形特征，但对部分相似的恐龙也产生了困惑。

翔宇说："这是迅猛龙和霸王龙的结合体，因为它的手脚长得像迅猛龙，身体和头长得像霸王龙。"

图3　幼儿分享并介绍不同类型的恐龙玩具

靖靖说："这是霸王龙，是绿色的，它的嘴巴很大，有很多尖尖的牙齿。"

柏柏说："我带来的是梁龙，它有长长的脖子。"

诺诺说："这不是梁龙，是腕龙，腕龙的脖子也是长长的。"

2．千奇百怪的恐龙

幼儿通过"千奇百怪的恐龙"的活动，更明确地了解了霸王龙、腕龙、梁龙、剑龙、肿头龙等恐龙的外形及身体结构特点，并能用图画的表征方式区分不同恐龙的不同特点，教师与幼儿在班上共同总结归纳恐龙的外形与身体结构特征。

图4　"千奇百怪的恐龙"活动

图5　"我认识的恐龙"图画表征

表1 "我认识的恐龙"总结分享表

幼儿图画表征	幼儿分享照片	幼儿分享实录
		熹熹说："我画的是腕龙，不是梁龙，它的脖子很长，它的头可以到四层楼高，它还要吃树上的叶子，所以比树还高。"
		毕宁说："我画的有霸王龙、梁龙，还有一只是三角龙，三角龙的头有三个角。霸王龙是这里面最厉害的，它可以打败梁龙和三角龙。"

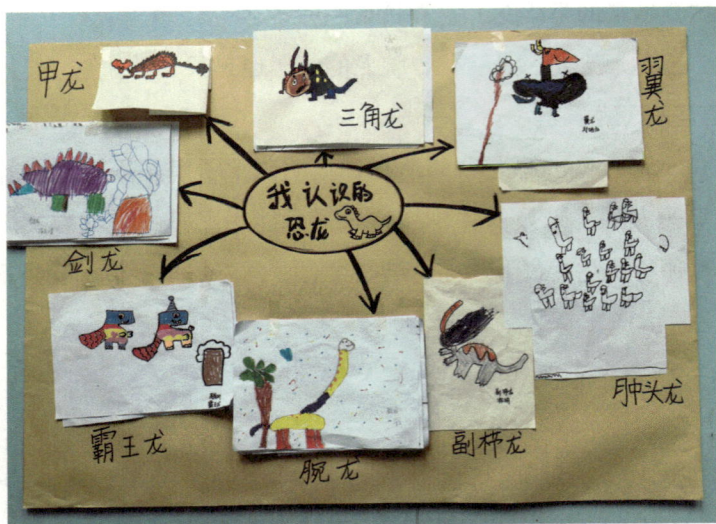

图6 "我认识的恐龙"总结分享图

💬 子问题2：哪种材料更适宜搭建立体大型的恐龙？

1. 我的恐龙设计——选择搭建材料

通过前期的恐龙表征，幼儿对恐龙的外形和身体结构有了基本的认识。讨论"哪种材料更适宜搭建立体大型的恐龙"时，熙熙提出用雪花片搭建的想法，奕霖则说："我想用纸箱搭恐龙，这样就会很大的。"许多幼儿都提出不同想法，比如有的幼儿提出可以用百变吸管、毛毛球、乐高积木、磁力片、纸杯、黏土等不同材料来搭建。最后，靖靖提出："我们可以用这些材料试试搭恐龙。"

幼儿根据自己的搭建想法，围绕"想搭建的一只恐龙""想用的搭建材料""大概会用到多少搭建材料"的问题，画出自己的搭建实验想法。

图7　幼儿搭建恐龙材料设计图

2．分组实验搭建材料

在准备实验前，幼儿商量了如何分组：想要使用相同搭建材料的分为同一组，一起搭建实验。因此，根据幼儿在"我的恐龙设计"中提出的搭建材料类型，将班级幼儿分为百变吸管组、纸箱组、纸杯组、雪花片组、黏土组、毛毛球组、磁力片组、乐高积木组，八个小组分别进行了"立体大型恐龙"的搭建实验。幼儿对实验过程中遇到的问题、解决方式、是否搭建成功进行了记录。（节选四组记录）

● 实验组1：

搭建材料：纸杯

搭建恐龙：腕龙、霸王龙

搭建结果：成功，但不能搭建太大的立体恐龙

纸杯组的幼儿以纸杯为主要搭建材料，根据需求借用了少量纸砖、纸板、纸筒。幼儿第一次搭建时，用纸杯搭建腕龙的脚，用纸板连接恐龙身体和脚，成功搭建了一只小小的"腕龙"。在第二次搭建霸王龙时，幼儿用叠高的方式将纸杯一层层叠起来作为霸王龙的身体，宸宸发现纸杯叠到和自己一样高时就会容易倒，他问睿睿："怎么办？它总是倒下来。"睿睿说："那就不叠太高的，就叠到刚好不倒的。"最后，宸宸和睿睿发现纸杯叠到第六层就不会倒，成功搭建了"霸王龙"。

图8　幼儿搭建纸杯霸王龙

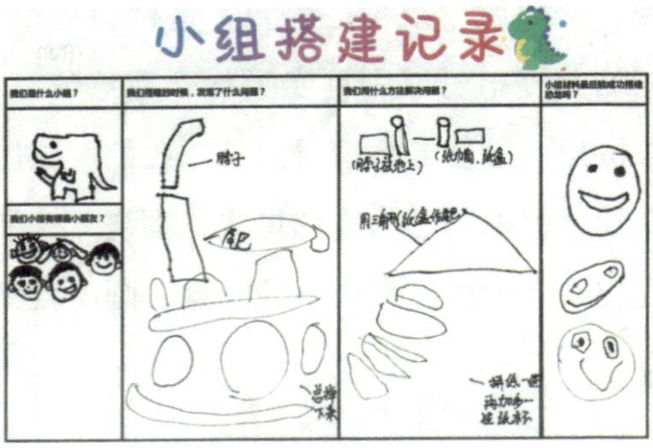

图9　小组搭建记录

- 实验组2：

搭建材料：雪花片

搭建恐龙：腕龙、霸王龙

搭建结果：成功，但搭建的恐龙容易散架

雪花片组的幼儿一开始就有搭建腕龙和霸王龙的想法，因此组内成员又分成了两个小组。在搭建腕龙的过程中，熙熙一开始用雪花片搭的腕龙是可以站起来的，但是一会儿就倒了，于是她加多了两块横叉的雪花片作为两只"脚"，一只"腕龙"就成功搭建出来了。搭建霸王龙的希希发现，雪花片可以很快搭建出霸王龙，但是这种材料容易松散，霸王龙"站"起来一会儿就会散架。

图10　幼儿搭建雪花片恐龙

图11　小组成员分享过程及成果

- 实验组3：

搭建材料：纸箱

搭建恐龙：腕龙

搭建结果：失败

纸箱组的幼儿很快用纸箱搭建出了腕龙的身体，在恐龙的身体前面用纸箱叠高搭建出腕龙的长脖子，但是搭建到第六个纸箱的时候就开始倒了。悦悦找来了透明胶，用透明胶把纸箱的连接处粘住，纸箱就稳当不倒了。萱萱则把连接处用黏土粘起来，但是这样需要大量的黏土。奕霖发现他们搭建的腕龙是没有腿的，所以他们一起尝试把腕龙的身体装在四个箱子上，但是一装就倒，所以最后这个小组没有成功搭建出立体的腕龙。

图12　幼儿搭建纸箱腕龙

图13　展示纸箱腕龙成果

● 实验组4：

搭建材料：百变吸管

搭建恐龙：剑龙

搭建结果：成功，能搭建立体大型恐龙，但材料承重力不够

百变吸管组的幼儿有立体搭建经验，他们首先搭建了剑龙的尾巴，然后再拼搭腿，用拼搭好的剑龙身体连接尾巴和腿，最后再搭建剑龙的头。但是在搭建头的时候，他们发现吸管承受过重会变得软塌，把剑龙头搭下去的话剑龙的腿会歪，整个身体都会往下塌。这时，翔宇提出由他和昕昕扶着身体，希言扶着头，然后熹熹和玥玥一起拼搭剩下的头部的想法。最后，他们合作成功用吸管拼搭出了剑龙。

图14　展示百变吸管剑龙成果

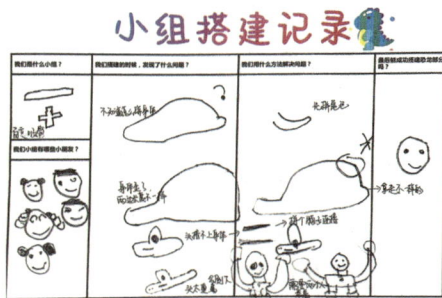

图15　小组搭建记录

3. 筛选最好用的搭建材料

实验结束后，幼儿在小组分享中认识到使用不同材料搭建立体大型恐龙时会遇到的问题。为了更加清晰地对比不同材料，幼儿召开了一次"筛选搭建立体大型恐龙的材料"会议，内容是对比哪些材料可以搭建既立体又大型的恐龙，并选出搭建立体大型恐龙的最好用的材料。幼儿用表格形式对比了各种材料的优缺点，总结了能满足班上已有材料中能够搭建立体大型恐龙的条件，最后选出的最好用的材料是百变吸管。

奕霖说："纸箱搭建的恐龙可以是立体的，但是要用很多透明胶才能使它不倒，不能拼太大的。"

昕昕说："用吸管可以拼很大只的恐龙，也可以站起来，'星星'可以连很多吸管。"

俐颖说："雪花片太小了，我们只能拼小小的立体恐龙。"

雅斓说："毛毛球搭的恐龙只能放在桌面上，拿不起来，因为它圆圆的，会滚走。"

博博说："乐高积木可以搭恐龙，我搭了一只翼龙，但是搭大的恐龙要很多积木，要用幼儿园的全部积木才可以搭出很大的恐龙。"

图16 总结能够搭建立体大型恐龙材料的条件

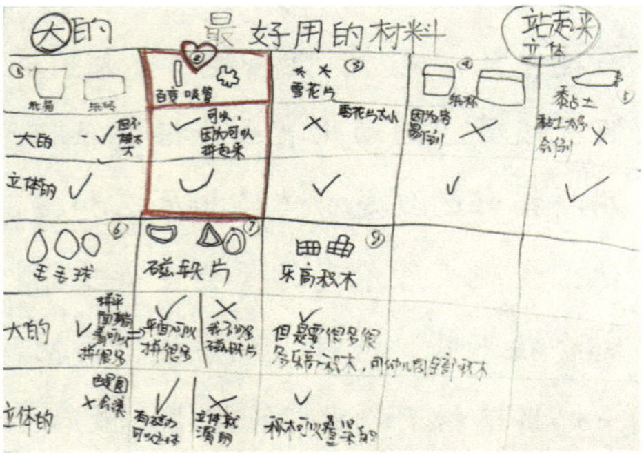

图17 筛选出"百变吸管"是最优材料

📖 子问题3：如何搭建、组装立体大型的恐龙？

1. 制定搭建计划1.0

在确定使用百变吸管作为搭建材料后，幼儿又对"如何用百变吸管搭建立体大型的恐龙"再次召开会议，围绕"搭建什么恐龙？""搭建的步骤是什么？"等问题分享各自的想法，共同制定了"搭建计划1.0"。

翔宇说："我们要先画设计图，把恐龙画出来才可以搭。"

熙熙问："我们要搭什么恐龙呀？"

希希说："我想搭霸王龙，因为它最厉害。"

靖靖说："我想搭剑龙，它的背上有好看的刺。"

幼儿纷纷说出自己想要搭建的恐龙以及原因，后来宁宁提出投票的方法，票选出了霸王龙，并制定了"画设计图—搭建恐龙—装饰恐龙"的计划1.0。

图18 "我想搭建的大型恐龙"投票现场

2．搭建霸王龙实验操作1.0

幼儿在会议上一致通过了用百变吸管搭建立体大型的霸王龙的决定，提出轮流搭建霸王龙的想法，并共同完成霸王龙的设计图。

图19 百变吸管"霸王龙"设计图

● 搭建实录：

搭建材料：百变吸管

搭建恐龙：霸王龙

搭建结果：失败

幼儿搭建恐龙时很少交流合作，基本上都是在各自拼恐龙，萱萱和诗悦想要先拼恐龙的身体，玥玥想要拼不一样的身体，熹熹则是在一边独自拼搭霸王龙的腿部。

萱萱说："我不知道霸王龙要搭多少根吸管才合适。"

熹熹说："我搭完霸王龙的两条腿之后不知道怎样拼它的身体。"

诗悦说："我觉得霸王龙的身体应该是长方形的，不是玥玥搭的那样的。"

由于霸王龙很大，幼儿也不知道自己要搭建多大的霸王龙、从哪里搭起，他们尝试了半个小时，还是失败了。

图20　幼儿用百变吸管搭建霸王龙

3. 寻求同伴与家长的帮助

第一次合作搭建恐龙失败后，幼儿认为浅水湾分园的小伙伴开展恐龙主题已经有一段时间，有丰富的恐龙搭建经验，因此提出"到浅水湾中五班寻求小伙伴的帮助"的想法。在家长和教师的支持下，幼儿再次前往浅水湾分园进行"恐龙"主题的交流访园活动。

翔宇说："我们想用百变吸管搭建恐龙，就是搭这只小小腕龙的这种材料。我们想搭一只超级高的霸王龙，但是不知道怎么搭起来，有的人想先搭腿，有的人想先搭头。"

瑶瑶提出："那你们可以分成一组一组搭呀，几个好朋友一起搭腿，另外几个好朋友一起搭身体。"

浩浩问："你们想搭的很高的霸王龙是多高呢？"

翔宇说："嗯……比老师还高。"

浩浩说："你们要量一量才可以知道要用多少根吸管才能搭这么高。"

在搭建第1版恐龙时，幼儿提出"霸王龙设计图不会画"的问题，班级家长提出参观顺德自然科学馆、正佳自然科学馆、广东省博物馆的社会实践想法，让幼儿可以从具体形象中了解恐龙的身体架构，为幼儿设计搭建霸王龙身体结构提供建构经验。

图21 班级幼儿带去百变吸管恐龙，分享搭建时遇到的困难

图22 浅水湾分园的幼儿提出解决方法

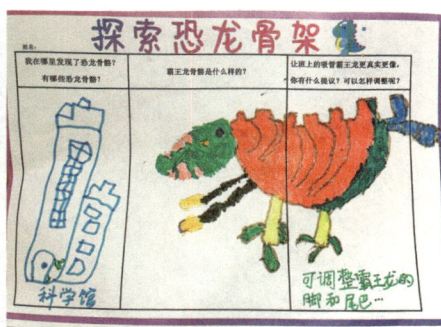

图23 幼儿参观博物馆并完成调查表

4. 制定搭建霸王龙计划2.0

幼儿在浅水湾分园同伴和家长的帮助下，有了解决搭建问题的方法和对霸王龙骨骼再度探索的经验。于是，幼儿针对前次搭建的过程召开了"搭建复盘"的会议，围绕"为什么搭建失败？""如何解决搭建过程出现的问题？"展开讨论，并制定了"搭建计划2.0"。

● 搭建复盘记录：

问题一：

诺诺说："我们不知道要搭的霸王龙长多高。"

宁宁说："我想搭像余老师那么高的霸王龙，余老师多高呀？"

解决方法：

奕霖说："我们可以用吸管量一量余老师呀。"

通过连接百变吸管，幼儿和教师一起量出了要搭出像余老师那样高的霸王龙需要把九根百变吸管拼在一起。

问题二：

翔宇说："我们轮流搭霸王龙，我都不知道要搭什么。"

阳阳说："我搭的脚和心心搭的身体没办法组合。"

解决方法：

玥玥说："我们可以先拼霸王龙的头，再拼身体，然后还有脚和尾巴。"

瑶瑶说："我们分组拼霸王龙，可以很快拼好的。"

幼儿共同商量出分为四个组搭建霸王龙：龙尾组、龙头组、龙脚组、龙身组。

图24　幼儿选择小组

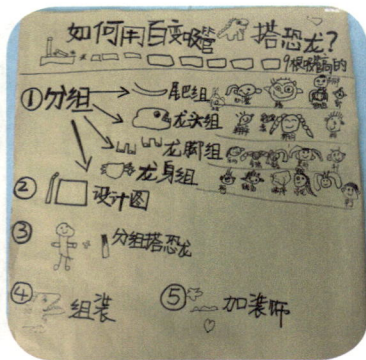

图25　"搭建计划2.0"

制定"搭建计划2.0"：

在这次会议上，幼儿成功制定了"搭建计划2.0"，重点包括：

搭建九根百变吸管高的霸王龙；分成尾巴、龙头、龙脚、龙身四组搭建；分组设计与搭建霸王龙的身体部位，再组装、合体霸王龙；最后再给霸王龙加上好看的装饰。

5．搭建霸王龙实验操作2.0

（1）分组设计图纸

幼儿有了前一次的设计和了解恐龙身体结构的社会实践的经验，很快地和小组成员商量好"如何绘画霸王龙身体搭建设计图"，并通过小组推荐表征能力较强的小组成员完成设计图纸。

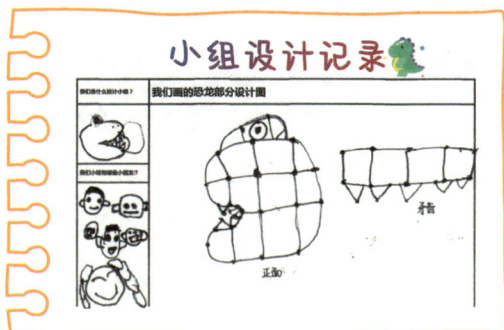

图26　霸王龙头组

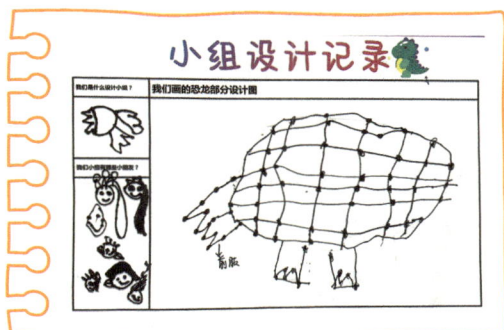

图27　霸王龙身组

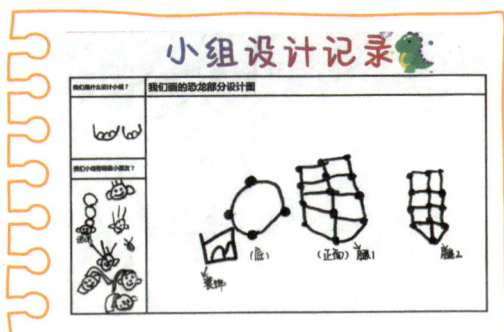

图28　霸王龙脚组

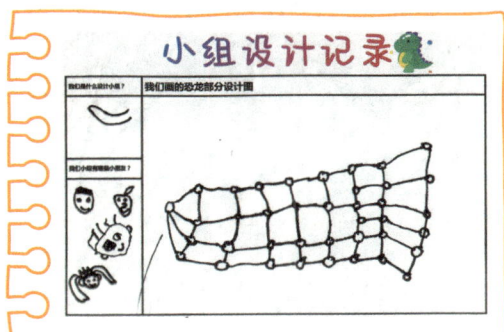

图29　霸王龙尾组

（2）分组搭建霸王龙

幼儿根据设计图纸，各小组开始搭建霸王龙身体各个部分，并将搭建过程中发现的问题与解决方法记录下来。（节选霸王龙头组和霸王龙尾组）

● 小组1：霸王龙头组

发现问题：牙齿和上颚如何连接、如何调整下颚比例。

解决方法：将吸管剪开增加接口、递减吸管数量、观察比例。

幼儿组内再分组进行拼搭，几人负责拼牙齿，几人负责拼上颚，可是却在连接的时候遇到了问题：上颚有五个接口，霸王龙有四颗上牙齿，少了一个接口，怎么才能接上呢？浩希说："可以不要这个牙齿。"玥玥说："那霸王龙中间就没有牙齿了，不好看。"浩希说："我们可以把吸管剪开，这样就可以多一个接口了。"幼儿接受了这个提议，他们拿来剪刀，随即讨论好剪断加接口的位置，在教师的帮助下剪开吸管并成功加上接口，牙齿和上颚成功连接起来了。

幼儿很快就往上搭建了好几层高的吸管，接着表示要搭霸王龙的下颚。他们先是试了四根吸管的高度，觉得这样的大小很好，但是拼搭完霸王龙的下颚和下牙之后，翔平提出："霸王龙的牙齿隔得好远，不像我们设计图上画的样子。"

观察了一会儿，熹熹说："我们设计图上用的是三根吸管（三层），是不是搭建的时候多了（吸管）？"于是他们拆了一层，发现三层的效果最好，解决了霸王龙的层高问题。

图30　霸王龙头展示

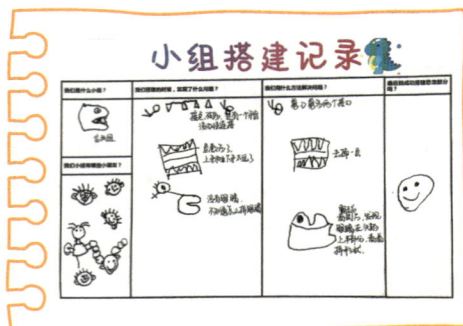

图31　霸王龙头组搭建记录

● 小组2：霸王龙尾组

发现问题：如何把平面尾巴变成立体尾巴？

解决方法：增加侧面平面，连接上下平面变成立体尾巴。

组内幼儿分工完后立即拼搭起来，但拼好后芷诺看了看这个龙尾，说："我们拼的龙尾是平平的，根本不是立起来的，怎么办呢？"瑶瑶说："可能是因为没有东西支撑着这个尾巴它才立不起来，要不我们用一块板在龙尾后面撑着。"

翔宇想了想说："其实我们如果做多一个平面的龙尾，然后将两个龙尾拼在一起就是立体的龙尾啦，我们一起尝试一下吧。"

他们验证了翔宇的这个方法是可行的，并且在拼搭过程中他们发现有些吸管很容易松开后，瑶瑶和芷诺就负责把每个插吸管的口都固定好，使龙尾稳固坚挺。

幼儿搭建龙尾时不仅兴趣极高，他们在自主搭建的基础上进行合作的能力也在不断提升，拼搭的过程中幼儿会应用平铺、加宽、围合、组合、拼接、架空等搭建技能，知道从平面的龙尾转变成立体的龙尾需要如何拼搭。

图32　霸王龙尾展示

图33　霸王龙尾组搭建记录

（3）组装霸王龙

在组装前，幼儿共同商量了组装顺序，他们认为应该先把身体和脚拼起来，再拼上头和尾巴。于是小组成员按照组装顺序开展了霸王龙的组装实验，他们在组装过程中发现了很多组装问题，并以绘画形式记录了这个过程。

● 第一次组装：霸王龙身体→龙脚→龙头→尾巴

发现问题1：霸王龙的脚太细，龙身太大，拼接在一起的时候，龙身会把龙脚压倒。

解决方法1：把龙身和龙脚分开，将龙脚加大，把霸王龙身体部分掉下来的吸管重新拼上去。

发现问题2：霸王龙的身体和脚成功拼接在一起时，龙脚已经开始慢慢倾斜。第二步想继续把龙头拼在身体上，但是拼接了龙脚的霸王龙身体太高，幼儿共同举起龙头搭上去，龙头的力量往下压，这次整个龙身都倒了。

图34　幼儿第一次组装霸王龙

图35　各组幼儿联合商量第二次的组装顺序

解决方法2：把龙头、龙身、龙脚重新分开，把散架的吸管重新拼搭起来，提出"先拼身体和尾巴，再拼接头部，最后拼接脚部"的方法。

虽然有了组装顺序，但是幼儿在经过实践组装后，发现有许多问题导致了霸王龙组装的失败。于是，幼儿决定联合商量解决第一次组装的问题，共同制定了更合适的第二次组装顺序。

● 第二次组装：霸王龙身体→尾巴→龙头→龙脚

发现问题1：霸王龙身体和尾巴拼接在一起时，吸管总会断开。

解决方法1：用透明胶将霸王龙身体和尾巴的重叠部分粘紧。

发现问题2：龙头和龙身拼接的时候，龙头总是往下倾倒。

解决方法2：一开始幼儿尝试用恐龙身体部分的前肢往上拼接下颚，想要用前肢顶住龙头，但是发现前肢不够力而且不够长，所以调整失败。第二次的时候，幼儿尝试把头部和身体用吸管连接起来，让吸管带动头部往身体后面拉。这次调整成功了，霸王龙头部没有往下掉。

发现问题3：霸王龙的龙头、身体和尾巴已经成功组装在一起，在拼接龙脚时幼儿发现龙脚太细了，要很多人一起把霸王龙的上面部分抬起来，但是很难坚持到把龙脚成功拼接上。

解决方法3：把霸王龙用绳子吊起来，成功组装了脚部，整个霸王龙组装成功。

图36 幼儿第二次组装霸王龙

📖 子问题4：怎样把搭建的恐龙变得有"魔法"？

1. 组织会议——讨论如何把霸王龙变得有"魔法"

幼儿围绕"如何把霸王龙变得有'魔法'"这一话题，提出了很多不同的想法。有的幼儿提议"给恐龙穿上好看的衣服"，有的幼儿提议"把一闪一闪的灯挂上去"，有的幼儿提议"用彩色的纸画花朵贴上去"……他们迸发出很多奇思妙想，并把自己的想法画了下来。

2. 装饰表征——实现把霸王龙变得有"魔法"

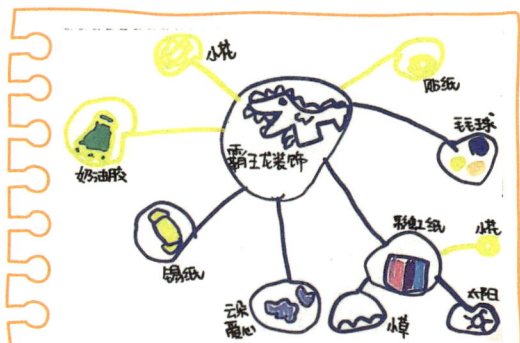

图37 幼儿霸王龙装饰设计

幼儿把自己的设计想法和班上的同伴一起分享，他们认为锡纸和镭射纸是最闪亮的，于是从班级和美工室收集了需要用到的锡纸、镭射纸、彩笔等材料，开始给霸王龙穿上有"魔法"的新衣。

熹熹说："给恐龙包上这个银色的纸，这样闪亮闪亮的。"

瑶瑶说："我要在上面画一辆可以飞起来的小汽车，涂上好看的颜色。"

婷婷说："我们要做一只会发光的眼睛，这样看起来就会有魔法。"

翔宇说："我们可以用闪闪的纸做装饰。"

语希说："我想魔法龙飞起来，可以加个翅膀吗？"

图38 成功做出机械眼睛

图39 魔法霸王龙成品

（三）展示阶段

幼儿搭建的立体大型的、具有"魔法"的霸王龙受到幼儿园其他小朋友的喜爱，幼儿决定邀请园内小伙伴和浅水湾分园的小伙伴前来观赏"魔法霸王龙"。不仅如此，园长和专家教师都到园所观看幼儿的"魔法霸王龙"，认为幼儿的作品很适合这次"魔法龙幼儿园"的艺展主题，决定把幼儿的"魔法霸王龙"放在佛山市图书馆的艺展中进行展示，也让社会上其他的小朋友和成人欣赏幼儿了不起的"魔法霸王龙"搭建作品。

图40　浅水湾分园小伙伴前来观赏

图41　"魔法霸王龙"在佛山市图书馆展览

六　项目总结与反思

项目来源于幼儿的一次访园活动，项目过程激发了幼儿对搭建恐龙的多维度学习，促进了幼儿学习品质的发展。在这个过程中，幼儿并不是按部就班地行动，而是根据实际情况突破时间和空间的限制，向教师、家长、分园的小伙伴寻求帮助，以找到更好的搭建方法。

（一）项目学习是持续的、全面的

整个项目对幼儿来说是一个持续探索的过程，提升了幼儿各方面的能力，如自我与社会性、语言与交流、探究与认知、搭建与表现等。幼儿从真实交流中产生搭建恐龙的想法，在项目的开展中提升各方面的能力，培养了喜欢科学探究与工程搭建的素养。在具体的子问题任务解决上，幼儿层层探究，提出具体问题，如"哪些材料更适宜搭建立体大型的恐龙""如何分组设计霸王龙的搭建图纸""如何组装霸王龙"等，并对其展开持续性的、循环式上升的探究，激发出幼儿自身主动学习的意识，丰富搭建恐龙的知识经验，也提升了内在的学习品质。

（二）项目学习是有深度的、有调整的

在解决如何搭建、组装立体大型的恐龙的过程中，幼儿运用了多种材料搭建恐

龙，并从中找出最合适的材料；结合霸王龙的特点，幼儿在实验试错中发现"分组搭建、再组装"的新经验，在不断的调整中探索出"先连接头与身体，再到尾巴，最后接龙脚"的组装顺序；幼儿更是为了寻求更好的搭建方法，和浅水湾分园小朋友持续地分享、交流，共同得出更优的搭建方式，整个过程都是幼儿持续调整的学习过程。此外，教师与幼儿都注重对项目进程中各环节的反思，在开展项目、发现问题、反思过程、调整措施的过程中不断完善项目，推进项目。

（三）项目学习是师生共建的、共成长的

幼儿在项目学习的过程中不断收获、成长，而教师也通过项目的开展不断更新教学观念，打破了过去的学习就是教师预设建构的模式，并认可幼儿非同寻常的学习欲望。教师在教育经验逐步形成的过程中建构教育经验，而不是在教育经验之前做各项忽视幼儿需求的单向准备。同时教师的观察、分析判断能力逐步得到提升，教师能够准确判断并捕捉幼儿学习行为中重要的、有意义的事件，运用各种方式有效介入，明确教师在建构环境时的双重角色——既是幼儿共同学习的好伙伴，又是整个项目开展的推动者，教师与幼儿共同成长。

七　项目评价

项目评价是项目活动中重要的一环，是诊断项目内容适宜性、目标达成性和幼儿能力发展的重要方式。基于项目活动特点及幼儿的发展，我们从教师评价、幼儿评价、家长评价、社会评价四个方面进行项目阶段性和成果性的评价，充分了解幼儿的学习需求和发展需要，促进项目活动质量的提升。

（一）教师评价

教师评价是教师运用专业知识审视项目学习实践，不断促进幼儿学习与发展的过程。在本次持续、自然地观察和分析幼儿的过程中，教师首先结合项目活动中幼儿达成的学习目标，针对幼儿项目前后学情，以适宜的评价工具关注幼儿的学习品质的发展。其次，依托"观、识、评、促"四方面，通过有效教师叙事记录，精准捕捉幼儿的表现行为，从科学、专业的角度对幼儿进行解读。

1．学情前后评价

在项目开展前，教师对幼儿进行学情分析。在项目结束后，教师解读幼儿在搭建恐龙的过程中的表现行为。幼儿通过"探索、思考、再实践、再思考"的项目学习方式解决了搭建材料筛选、搭建恐龙的设计、搭建恐龙的方法等问题，幼儿的深度学习能力逐步提升。针对主题搭建，幼儿有了自己的思考与实践，大部分幼儿减少了容易转变主题的行为，提升了对事物的长时间的注意力。

2．过程性评价

《幼儿园教育指导纲要（试行）》中要求对幼儿发展状况的评价，要"以发展的眼光看待幼儿，既要了解现有水平，更要关注其发展的速度、特点和倾向等"。评价关注的是幼儿学习与发展过程中的变化。在项目开展中，幼儿在探索"哪种材料更适宜搭建立体大型的恐龙？""如何搭建、组装立体大型的恐龙？"两个子问题时，教师通过视频记录、观察便签以及观察叙事表的方式记录幼儿自主探索与学习的过程，在观察中识别幼儿行为，评价幼儿的学习与发展水平，促进幼儿搭建项目深入学习。

（二）幼儿评价

教育部颁布的《幼儿园保育教育质量评估指南》中明确提出以"儿童为本"的评价原则，提出应坚持科学评价，强化自我评价，扭转"重他评轻自评"倾向。因此，在项目活动中，幼儿评价包括以幼儿自评为主，同伴他评为辅，让幼儿把自主评价作为学习与发展的有机组成部分。幼儿在项目推进过程中，通过分享交流会、儿童会议、绘画记录等方式进行项目的自我评价和同伴他评，调动参与项目的积极性与自觉性。

（三）家长评价

《幼儿园教育指导纲要（试行）》指出："管理人员、教师、幼儿及其家长均是幼儿园教育评价工作的参与者。"因此，家长群体也是项目评价的重要一员。项目评价和家园共育相互融合模式让评价更为开放，有利于项目评价空间延伸，形成详尽的过程性记录，促进幼儿更全面、更自主地发展。

（四）社会评价

项目成果"魔法霸王龙"展示期间，我们邀请了专业的美术老师到佛山市图书馆对"魔法霸王龙"进行学习价值、审美价值等多方面的专业点评。此外，"魔法霸王龙"作为此次佛山市图书馆艺展中必不可少的打卡点，也广受观众的喜爱与欢迎，被多次拍照打卡并上传到互联网，收获了社会各界人士的一致好评。

图42　项目评价详情二维码

八　项目资源

表2　项目资源

资源类别	资源运用	资源具体信息
社区资源	顺德自然博物馆	为幼儿提供恐龙相关自然知识。
	佛山市图书馆	为幼儿恐龙成品提供展览场所。
	广东省博物馆	为幼儿认识恐龙骨骼提供观览。
人力资源	1.家长协助幼儿收集恐龙资源。 2.家长协助开展恐龙社会实践。 3.家长完成恐龙项目调查问卷等项目评价。 4.分园教师、幼儿提出项目建议。	1.收集恐龙模型、恐龙百科全书等。 2.家长周末陪伴幼儿到博物馆参观，学习恐龙知识。 3.家长配合问卷星调查和家园共育平台。 4.访园活动在项目中持续交互。
资料资源	有关恐龙方面的图书与信息，帮助幼儿初步了解和掌握一些恐龙特征与身体结构的知识。	1.图书《恐龙百科》《恐龙公园立体书》等。 2.搭建结构性材料的使用介绍及说明。
空间资源	1.提供恐龙活动空间，供幼儿发现问题、开展项目、调整行动等。 2.提供恐龙材料收集空间，供幼儿方便自取恐龙相关资源。	1.课室建构区域。 2.打造新的恐龙角区域，确保有充足材料协助幼儿开展项目。

项目 ④ 追光逐影

年龄段：中班
记录老师：张丽丽　梁斌英
曾敏怡　岑韵晴

一 项目缘起

在开展"萌娃探园活动"时，明珠总园中一班幼儿来到了浅水湾幼儿园，他们看到了浅水湾幼儿园中五班的幼儿在表演区玩皮影戏游戏，在体验了皮影戏的玩法后，幼儿对皮影戏中利用光和物体产生影子讲述故事的形式十分感兴趣，提出了各种各样的问题："为什么灯照到东西时能把影子射在布上？""为什么灯照到我的手就有影子？""我的手会飞，影子也会飞吗？"……跟随幼儿的兴趣，教师投放光影透视绘本，引发幼儿的持续讨论。幼儿对光和影的探究兴趣越来越浓烈，于是教师经过课程审议、项目价值判断等多次讨论，最后与幼儿一起梳理共有经验，开启了"追光逐影"项目。"追光逐影"项目源于幼儿的真实发现，符合中班幼儿的年龄特点，同时符合《3-6岁儿童学习与发展指南》《幼儿园教育指导纲要（试行）》对中班幼儿科学探究能力的要求，是具备价值性、适宜性和可行性的项目。

二 学情分析

中班幼儿开始萌发"寻找问题的答案"的意识，喜欢提出感兴趣的问题，并尝试解决问题。基本所有的幼儿都知道什么是光、什么是影子，对光和影子的概念有着最基本的认知，如"光是亮的，影子是暗的""太阳的光可以让东西有影子""身体可以变出影子来，影子一直跟着身体""影子是没有味道的"等已有经验。本次"追光逐影"项目以小组形式开展持续将近一个月，幼儿一直对光影持有很高的兴趣。

三 驱动问题

随着教师对光影项目的支持与推进，幼儿关于光影的问题越来越多，教师和幼儿一起归类、分析问题，建立关于光影的问题网络图和共有经验表，并梳理出项目的核心驱动问题和子问题。

📖 **核心驱动问题**：

光和影子有什么关系？

📖 **子问题**：

1. 影子是怎么产生的？
2. 影子一直都是一样的吗？
3. 什么东西能影响影子？
4. 怎么用光影玩游戏？

四 项目目标

（一）认知目标

1. 知道光与影的关系。
2. 知道影子变化的特征与影响因素。

（二）技能目标

1. 尝试运用调查、谈话、实验的方法探索影子形成的条件，并运用调查、猜测、对比、实验、回顾等方式解决问题。

2. 能大胆寻求家长的帮助，并在家长的帮助下，尝试利用电子设备查阅相关的光影资料。

3. 能与同伴讨论、选择光影区材料，并尝试设计和制作光影区展板。

（三）情感目标

1. 欣赏和感受光影的艺术美。
2. 萌发好奇心，乐于参与探究活动，愿意不断寻求更好的解决方法。

"追光逐影"探究式项目课程

驱动问题：光和影子有什么关系？

| 提出问题阶段 | ➡ | 探究与表征阶段 | ➡ | 分享与展示阶段 |

引发兴趣，积累经验

猜测、实验、回顾、评议、总结

艺术展　功能室展览

探讨归纳，建立网络图

子问题1：影子是怎么产生的？

梳理总结，识别驱动问题

子问题2：影子一直都是一样的吗？

子问题3：什么东西能影响影子？

子问题4：怎么用光影玩游戏？

发展幼儿的自主探究能力

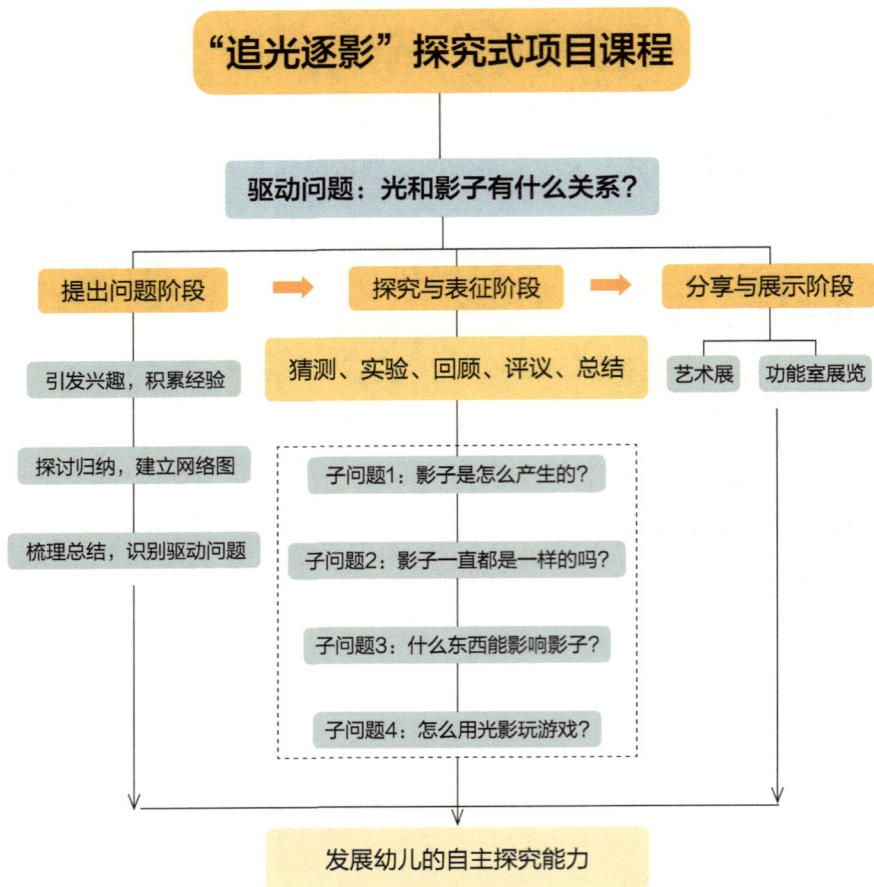

图1　项目实践推进图

五　项目发展实录

（一）准备阶段

明珠总园的幼儿来到浅水湾幼儿园，表演区的皮影戏引发了幼儿对光影的浓厚兴趣。体验皮影戏后，幼儿对皮影戏的灯光、光影如何演绎故事更加好奇了。经过两次问题讨论后，教师记录下幼儿对光影的"初"经验和二次经验。

表1 幼儿对光影的"初"经验和二次经验

第一次讨论	第二次讨论
俊俊：为什么灯照到东西能把影子射在布上？ 玥玥：灯照什么东西，什么东西就有影子吗？ 熙熙：如果做一只青蛙，青蛙会有影子吗？ 芷瑶：我有一只好大的小鸟玩具，它也有小鸟影子。 晴晴：影子可以变很多很多动物吗？ 雯雯：我的影子飞到天花板去了。 桐桐：我一伸手就有，影子是从我的手来的吗？	俊俊：影子是从光里来的吗？ 炀炀：影子是从手电筒里来的吗？ 昊昊：太阳有影子吗？ 可儿：眼镜有影子吗？ 超超：为什么杧果的影子一会儿大一会儿小？ 熙熙：影子会变魔法吗？ 芷瑶：好多个手电筒就会有好多个影子吗？ 玥玥：为什么磁力片的影子是蓝色的？ 梓涵：为什么光总是追着影子跑？ 亮亮：我的影子总是跟着我走来走去。

图2 观看浅水湾幼儿玩皮影戏

图3 透视绘本阅读

第一次讨论结束后，教师发现大部分幼儿对光影的了解更多注重于影子的形状。为了让幼儿对光影的兴趣持续下去，同时让幼儿思考与产生更多关于光影的问题，教师在阅读区投放光影透视绘本和手电筒，并让幼儿在多次自主合作阅读之后，组织第二次问题讨论。通过自主阅读光影透视绘本，幼儿更加近距离地感受和了解光影，在第二次问题讨论中，幼儿关于光影的问题更多、范围更广，其内容集中在光和影子的关系上，这是在初有经验基础上对光影探讨的深入与延伸。随后，教师与幼儿共同梳理有价值、有探究意义的光影项目，即驱动问题和子问题。

（二）综合探究阶段

📖 子问题1：影子是怎么产生的？

1. 影子的猜测

影子是从哪里来的？为什么有影子？刚提出问题时，很多幼儿回想起在户外运动时发现有影子，于是他们有了以下的猜测：

堃堃说："影子是太阳公公带来的，它来了就有影子了。"

炀炀说："影子是太阳的光被挡住了。"

俊俊说："影子是太阳送给我的，因为它是黑的，所以没有鼻子和嘴巴。"

辰辰说："影子就是太阳光的影子。"

为了验证太阳可以产生影子，他们跑到户外太阳底下观察和实验，看到了自己在太阳下的影子。这时候果果告诉其他小朋友，手电筒也可以让我们有影子。那么影子究竟是从太阳来的还是从手电筒来的呢？幼儿带着疑问，准备进行关于影子的实验。

图4　幼儿在户外观察影子

2．第一次探究——亲子实验

面对影子来源的疑惑，琦琦提出："我可以回家先问问爸爸妈妈为什么会有影子。"馨馨也赞同她的说法："对呀，还可以在家和爸爸一起做一个影子小实验

图5　幼儿与家长共同探索"影子是怎么产生的"实验并记录

呀！""没错，还可以去找找哪里还有影子。"辰辰说。于是，幼儿开始商量收集问题并决定与教师共同制作一份亲子实验调查表。晚上，幼儿主动找父母一起探索影子实验。

第二天，幼儿都争着分享自己完成的实验调查表。

熙熙说："我妈妈说只要有光就可以找到影子。"

俊俊说："不对，爸爸说光照在透明的东西上是没有影子的，我的相框就没有影子。"

图6　幼儿分享亲子实验调查表

对于幼儿在家中与家长做的实验调查表，幼儿在园分享时发现关于"影子的产生"的实验结果有不一样的结论。为了验证他们得出的"影子的产生"的结论是否正确，幼儿决定展开第二次分组探究影子的验证实验。

3. 第二次探究——幼儿再次实验

在第二次探究之前，幼儿进行了自由分组，然后在亲子实验的基础上再次进行对影子产生条件的验证实验。

● 第一组

光源：手电筒　　　**材料：**卡通图片

宸宸拿着"白龙马"的图片和手电筒在电视机屏幕前上下摆动着。"为什么它照出来的影子不明显呢？"后来他又换了一个地方，结果在地板上照出了清晰的影子。

图7　实验照射电视机屏幕上的影子不明显

● 第二组

光源：手电筒　　　**材料：**透明亚克力板、实心积木条

玥玥找来了一个透明的板作为实验物体。她用手电筒照射在透明板上面，看到墙上投射的只有手电筒的光，并没有透明板的影子。

玥玥疑惑："为什么没有影子呢？"

教师建议她可以用多种材料再次实验，玥玥便选择了实心积木条进行实验。

玥玥说："老师，你快看！它有影子了，是黑色的。"

这时又有几个幼儿走过来一起观察。玥玥开心地说："我知道了，因为这块板是透明的，里面没有东西，所以照出来也只能看到光，没有影子。"

图8　照射透明物体没有产生影子　　　图9　照射不透明物体产生影子

● 第三组

光源：台灯、手电筒、感应灯　　　**材料：**实心积木条、磁力片、透明塑料碗

梓涵选择了实心积木条和台灯："看，我照出来的影子是黑色的。"

童童选择了磁力片和手电筒："咦，我照出来的影子是跟磁力片的形状一样的，正方形的空心里投射出来的只有手电筒的光。"

瑶瑶选择了透明塑料碗和感应灯："我的没有影子，只有灯光！真神奇。"

童童说："所以不是所有的东西照出来都有影子的。"

● 第四组

光源：蜡烛　　　**材料：**可乐瓶、积木小人

图10　各种材料实验影子效果

熙熙拿起超市区的一个可乐瓶放在蜡烛旁边实验:"奇怪,为什么它的影子会这么大?"站在一旁的扬扬说:"要不换个东西试试吧!"接着,他们换了积木小人尝试。随后两人一起移动蜡烛,他们发现移动蜡烛靠近物体时,影子就会变大,当蜡烛远离物体时,影子就会变小。

图11　移动光源靠近物体,影子产生大小变化

● 第五组

光源:投影仪　　　**材料:公仔**

这一组幼儿找来了放在表演区的公仔,利用课室的投影仪遮挡产生影子,之后根据投射出来的影子进行情境表演。但是他们很快就发现:泡沫板和幕布都是白色的,为什么手电筒照出来的影子是黑色或者彩色的,而投影仪照出来的影子是白色的?随后幼儿就这个问题向家长们寻求帮助。通过家长的解答,幼儿知道了原来投影仪投影出来的并不是"光",而是"色彩",没有光就没有影子,所以白色的也不是影子。

图12　在投影幕布前进行情境表演

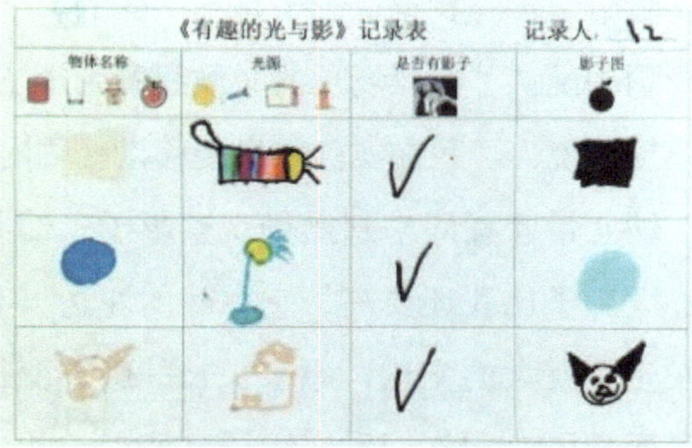

图13　幼儿再次验证实验记录表

探究记录后,幼儿邀请教师一起梳理与总结"影子是怎么产生的"。通过实验

与梳理，幼儿发现影子形成的三个必要条件是光、遮挡物、背景（屏幕），只有这三个元素联系在一起才会产生影子，三者缺一不可。

4．专家家长小讲堂

对在探究阶段出现的投影仪"影子"问题，教师及时运用家长资源，向家长请教。许多家长也在班群里及时为幼儿解答，使得幼儿的探究可以顺利进行。教师也趁此机会邀请阳阳妈妈来到课室，请她为幼儿补充更多关于光影的知识，增加幼儿对光影的经验，解答幼儿在光影探究中遇到的问题。

图14　教师与幼儿梳理总结

图15　专家家长进校园

💾 子问题2：影子一直都是一样的吗？

1．不同时间段影子的变化

在上述实验总结后，幼儿知道了影子产生的条件，同时也在梳理回顾中产生了新的问题：影子一直都是一样的吗？

晴晴说："我觉得影子是不一样的。"

玥玥说："在操场玩的时候我看到影子有时候很大，有时候很小。"

扬扬说："我在实验中发现移动蜡烛时影子会变大变小。"

幼儿带着疑问来到操场观察影子。幼儿发现早上的影子是长长的，还有幼儿发现："影子比我还要高，它在我的左边，有时候又变成了在右边。"到了中午，影子发生了巨大的变化，原来长长的影子变得短短的，只出现在脚边。到了下午，影子又变长了："你们看，影子又变得长长的。"通过实地观察，幼儿得出了结论：在不同的时间段，我们的影子是不一样的。

图16　幼儿早上、中午、下午的影子

2．寻找身边不同的影子

（1）幼儿园内

不同时间影子的大小不一样，那同一时段的同一个东西影子会一样吗？带着问题，幼儿选择在二楼的露天植物园寻找影子进行记录。

涵涵说："早上，花朵的影子比花朵还要高呢。"

祖宁说："你看我画的假山像一个人，它站得歪歪的。"

图17　幼儿寻找并记录影子

到了中午，幼儿记录的影子变得模糊起来，教师问俊俊："为什么花盆的影子这么扁？"俊俊说因为他看到花盆的影子是一坨，缩在花盆边边。下午，随着太阳方位的改变，物体的影子也悄悄发生了变化，亮亮和童童分别选了一个水壶作为参照物，亮亮把水壶直接放在画纸上，童童则把水壶放在画纸的正前方。他们虽然选了一样的物体作为参照物，但看到的影子却是完全不一样的。

记录完成后，幼儿分享了自己的表征记录。在记录的过程中，幼儿知道了一天中太阳会随着时间的推移慢慢移动，太阳的位置不一样了，影子也会跟着变化。

（2）室外

幼儿在幼儿园内找到了不一样的影子，那幼儿园外面的影子呢？有没有看到一些让人难忘的光影呢？幼儿七嘴八舌地讨论起来，说看见光和影子的地方很多，比如小区楼下、商场、公园等，还说周末要记录下来，回来跟小伙伴分享。周六时，恩梓的妈妈带他去到王府井紫薇港星空光影展，并拍摄了照片和视频带回园分

图18　幼儿分享记录

享。通过恩梓小朋友的分享，幼儿再次验证了影子是会变化的，同时，光影还可以流动、变形，成为一场美丽的表演。

图19　幼儿参观光影展

图20　幼儿回园分享光影展

📖 **子问题3：什么东西能影响影子？**

在一系列的探究和实地参观分享后，幼儿发现，影子有长短，有大小，并不是一直不变的。个别幼儿在听了分享后，又发现了新的问题：为什么影子会变化？什么东西可以影响影子？幼儿有在科学室上课的经验，所以本次探究有幼儿提议去科学室进行，这个提议获得了其他幼儿的赞同。幼儿在开始实验前展开了关于影响影子产生的原因的大猜测，也已经具备了分组探究的经验，于是幼儿带着猜想自行分组，开始进行实验探究活动。

表2 影响影子的因素

什么东西能影响影子？（假设）孩子的猜想	预测影响影子的因素
猜想1：什么样的光会影响影子？ 猜想2：颜色到底会不会影响影子？ 猜想3：靠近一点会影响影子吗？离远一点呢？ 猜想4：物体的样子会不会影响影子？	光会影响影子。 颜色会影响影子。 远近会影响影子。 轮廓、大小会影响影子。

根据幼儿的年龄特点，教师将影响影子的复杂的物体因素设定为简单易懂的三个变量——透明度、外形和颜色，并让幼儿自行在探究中感受不同属性的物体带来的影子变化。

● 第一组：

材料为红色半透明亚克力半圆积木。

这一组拿了一个红色半透明的亚克力半圆形积木，在还没有进行实验的前提下，这一组靠自己的猜测先在记录表上画了一个黑色的影子。这时教师提醒他们不要急着记录，一定要实验后再记录。晴晴走到探索墙把光源打在半圆形上，墙壁上出现了一个红色的半圆形影子。他们看看影子，又看看记录表，发现自己画错了。他们走过来对教师说："老师，我们画错了，不是黑色的影子。"教师问道："那是什么颜色的？为什么呢？"带着问题，他们又开展了第二轮实验。最后他们开心地告诉教师："老师，我知道了！半透明、有颜色的半圆形，影子也是有颜色的！"

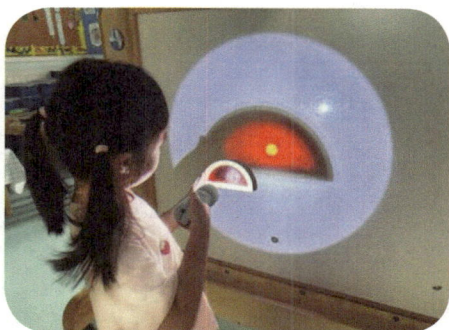

图21　幼儿探究并记录

● 第二组：

第一次：材料为半透明黄色长方形、实心红色三角形、实心圆柱体。

玥玥和瑶瑶组成了小组，她们选择了一个半透明的黄色长方形、一块实心的红色三角形和一个实心的圆柱体，并把不同材质的材料搭建起来，用手电筒照在搭建好的作品上。刚开始时因为她们走得太近，光源只打在了黄色的长方形上，玥玥发现墙壁上只留下了黄色的长方形的影子，她对瑶瑶说："你退后一点，我们的房子只有一半了。"瑶瑶往后退了几步后把光打在整个作品上，一座黑色屋顶、中间带有黄色光窗户的房子成功出现在墙壁上。玥玥说："哇，这是一座夜光房子！"瑶瑶说："我靠近房子的时候只能看到一半，退后才能看到全部。"

图22　幼儿搭建房子探究实验

第二次：材料为半透明红色圆柱体、半透明红色三角形、半透明红色圆片、不透明积木小人。

第二次实验探究时，玥玥和瑶瑶拿了上述材料，实验后，她们发现半透明的、具有透光性的，并且带有颜色的物体，影子也带有相应颜色，而不透明的积木小人的影子则是黑色的。同时，她们还在探究过程中与教师分享这是幼儿园里的小朋友在跳绳的情景，并通过移动积木小人来让他们"跳上跳下"。

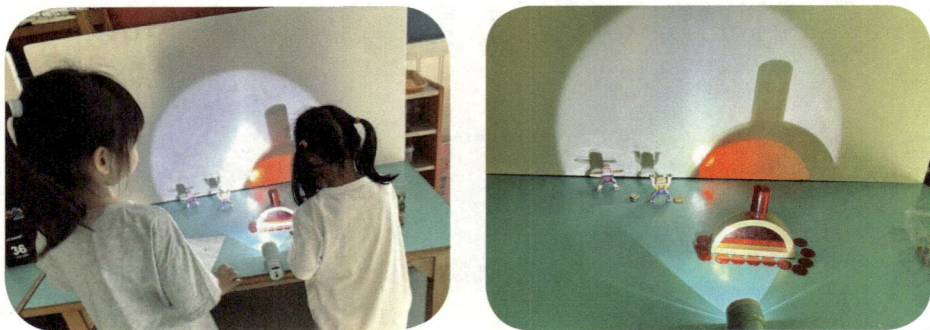

图23　幼儿组合情景探究实验

● 第三组：

材料为镂空不透明薄雪花片积木。

谭旻说："俊俊，你快点过来看，这个影子和这个积木一样，是镂空的！"俊俊看到后也开心地说："原来影子不只有黑色的，它不是一坨黑影子。"接着他们把光源直接贴在黄色的塑料积木上，墙壁上居然出现了微微有黄色花纹的积木影子。堃堃说："原来塑料也会透光的。"说完他们又拿来了一块较厚的塑料积木，这一次他们只看到了一个黑黑的影子。谭旻说："太厚了不行，要薄的才可以。我们再试一下红色的吧！"说完几名幼儿又去材料区选了一片红色的积木，当光源贴在积木上时，微微红色的积木影子马上出现在墙壁上。通过两次的实验验证，幼儿确定了镂空的积木是可以投影出有轮廓的影子的，薄塑料也是可以透光的。

图24　幼儿探究镂空物体光影实验

探究实验结束后，各组拿着实验结果与同伴分享，其中最让人感兴趣的是玥玥小组的夜光房子。她向同伴们介绍："我们选了两种不同的材料进行搭建，然后再去照它们的影子，所以就得到不一样的影子。中间是透明的长方形，所以就变成发光的窗户啦。下面的木头不透光的，所以只有黑的影子。"

图25　幼儿分组分享实验探究结果

阶段总结

💡 分享结束后，教师与幼儿一起梳理：影响影子的因素除了跟光源有关、跟颜色有关，还跟物体的透明度和轮廓有关。影响影子的因素不是单一的，而是叠加存在的。比如说，幼儿在探索实验中拿了两个红色的三角形，但只有一个三角形能投射出红色的影子，另一个却不可以，那是因为第一个三角形是红色且可透光的亚克力材质，这两个条件缺一不可。幼儿还发现薄的塑料虽然不是透明的材质，但也能透光。因此，在后期的探索中，教师将会为幼儿提供更多的厚度不同的塑料材料供幼儿进一步探索。

📖 子问题4：怎么用光影玩游戏？

1. 萌发制作光影区想法

在前面的探究中，幼儿已经知道影子有大有小、有长有短、有不同的形状。教师还惊喜地发现，有些幼儿在"影子是怎么产生的"和"什么东西能影响影子"的实验中，已经开始进行有故事情景的光影表演。在积累了很多光影经验后，幼儿决定制作一个光影区。

俊俊说："我想和好朋友们、恐龙一起去森林游乐场里探险玩游戏。"

玥玥说："我想在恐龙身上建房子、做恐龙摩天轮。"

堃堃说："但是我们怎么才能把它放进影子里呢？"

俊俊说："那我们可以做一个呀。"

图26 "影子是怎么产生的"实验中产生的情境表演

图27 "什么东西能影响影子"实验中产生的情境表演

2. 绘制光影区设计图

幼儿有很丰富的绘画经验，所以他们独自找来了笔和纸，进行设计图的绘制。在设计图纸时，幼儿突发奇想，将最喜爱的恐龙加入场景，绘出一个恐龙与人和谐相处的魔法龙幼儿园，并向其他幼儿分享展示设计图。绘画活动结束后，总共有6份设计图作为备选项，通过投票，幼儿选定了最终的设计图。

图28　绘制设计图

图29　设计图投票

图30　最高票数设计图

3. 收集制作光影区的材料

设计图准备好了，接下来就是收集材料。在找材料的过程中幼儿遇到了一点小困难，就是材料有太多种了，没办法确定具体要用到哪些。这时有幼儿说可以用之前学做的儿童海报形式来进行记录，于是，材料又多又杂的问题被他们轻松地用儿童海报的形式解决了。

最后幼儿整理出来的材料有：挤塑板、小屋、木条、草皮、颜料、黏土、棉花、瓶子、纸皮、剪刀、固体胶等。

4. 制作光影区

（1）分组制作

一起收集完全部材料后，幼儿开始进行分工合作。幼儿商量后分成了四个小组：第一组在展板上铺上草地、河流；第二组用黏土做恐龙；第三组用彩色笔画各

图31 部分材料清单海报

图32 部分制作材料

种玩游戏的小朋友；第四组用纸皮做房子。分工明确后他们就开始制作了。

图33 底板制作组

图34 黏土恐龙制作组

图35 人物制作组

图36 纸皮房子制作组

（2）发现问题：固体胶粘不住房子

第四组用纸皮做房子时，玥玥和瑶瑶发现固体胶粘不住纸皮，没有办法完成房子的制作，尝试了多次之后，她们决定请求教师帮助。教师告诉她们使用胶枪可以使黏合面更加牢固，同时告诉她们使用胶枪的技巧和注意事项。一开始玥玥害怕胶枪会烫到手不敢使用，后来在堃堃的鼓励下使用了胶枪，成功完成了房子的共同制作。

图37　发现固体胶粘不住纸皮

图38　幼儿使用胶枪粘贴房子

在幼儿的共同合作努力下，分组的作品终于完成了。幼儿小心翼翼地把作品搬到展板上，进行摆放、分区设计游戏场景，并把它取名为"魔法光影区"。接下来就差光源投射了，那么光源要从哪里借来呢？

图39　幼儿完成光影区制作

（3）借用多方不同光源

光影区的基本展示板已经完成，对于光源要从哪里借来这个问题，幼儿进行了讨论和记录。通过讨论商议后，他们决定找保安叔叔、班级教师、电工叔叔、厨房阿姨、保健医生、清洁阿姨、专科教师和浅水湾幼儿园的小朋友借不同的光源。

图40　幼儿商量向谁借光源

图41　光影借调表

图42　向班级教师借光源

图43　向浅水湾幼儿园小朋友
借光源

图44　向保健医生借光源

（4）调试灯光

幼儿收集完所有光源回来后，他们一起汇总借到的不同光源，分别是大型手电筒、小型手电筒、日落灯、射灯（20瓦和40瓦），接下来就开始进行灯光调试了。由于幼儿关于光源的经验比较少，教师引导幼儿从光源的明暗、重数、高度和方位对光影区的光源进行调试和选择。

图45　总结借到的不同光源

①哪个光源亮度合适？（光源明暗）

幼儿分别拿着小电筒、大电筒、日落灯、不同亮度的射灯进行探究对比。不同的灯打在白墙上出现了彩色的光圈，其他幼儿纷纷惊叹。但是瑶瑶的射灯一打开，原来彩色的光圈就瞬间消失了。玥玥说："你的射灯太厉害了，我的日落灯灯光都不见了。"琦琦也说："我的手电筒灯光最暗，看不清。"说完就把手电筒放到一旁。通过一番筛选，幼儿选出了亮度相对合适的两盏射灯，一盏是20瓦的，一盏是40瓦的。

图46 探究哪个光源最合适

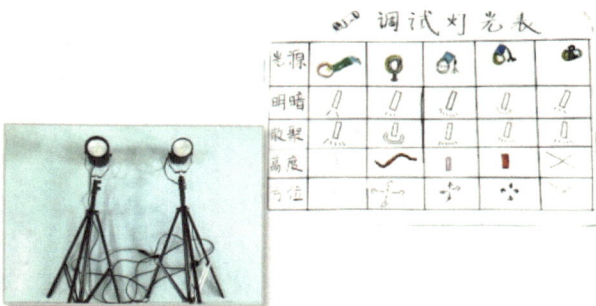

图47 实验得出亮度合适的两盏射灯（左20瓦，右40瓦）

②怎么样才不会重影？（光源数量）

俊俊和堃堃在调试两盏射灯时，发现背景出现了部分重叠的两个影子。堃堃问："为什么会有两个影子？"琦琦说："你和俊俊都开灯了，所以有两个影子。"俊俊听了就说他把灯关了看看。俊俊关灯后重影消失了，但是堃堃发现影子变淡了。他说："俊俊，你的灯最亮，我关你开。"俊俊开灯后，他们看到影子变清晰了。幼儿减少光源的数量，从两个光源减少成一个光源，留下比较亮的射灯，影子最后由模糊变得清晰了。

图48 发现有重影

图49 只剩一个光源，重影消失

③怎么样才看得到影子？（光源方位）

选好了光源，幼儿又产生了新的疑问：光打在作品上，影子被作品本身挡住了很大一部分，如果想让影子大部分可以被看到，该如何移动光源？幼儿通过多次调整，最后把原来直射作品的射灯移动到了偏右和偏后的位置，这样影子就可以基本不被作品遮挡了。

在调试灯光的整个过程中，幼儿通过不断测试，用排除法淘汰掉不合适的光源，再到解决重影的问题，最后解决影子被遮挡的问题。他们在整个探究实验过程

图50　调整前影子效果

图51　调整后影子效果

中遇到问题并没想到放弃，而是通过一次次的调整最后解决问题。

　　幼儿在探究自己想要探究的问题时，兴趣会持久浓厚，他们会积极发挥主观能动性，自发提出想法和问题，并想办法来验证自己的想法。活动过程中还需要同伴的支持、需要相应的材料支撑等，这也带来了一系列活动生发的可能。

图52　最后调试出的最佳光源和投射角度

（三）分享与展示阶段

　　光影区制作好了，怎么样才能让更多人可以看到幼儿的作品呢？教师提议可以将光影区放置在每年4月份的图书馆儿童艺术展上，撤展后可以放置在园内的美工室内。这个提议得到了幼儿的赞同。经过园长帮助，光影区顺利在艺术展上展出，在撤展后搬至园内美工室继续展示。

图53　光影区在儿童艺术展上展出

图54　浅水湾分园幼儿参观撤展后放在美工室的光影区

六 项目总结与反思

在访园课程背景下产生的"追光逐影"项目，不仅体现了专一地域探究项目的生成与持续发展，同时也展现了幼儿园多角色、多地域的有效联动合作。在项目开展过程中，幼儿不再局限于求得身边同伴的帮助，而是将目光延伸至全园乃至其他分园，勇于向教师、保健医生、其他分园的同伴等寻求帮助，充分联动了多方资源，让本项目得以持续深入地发展。

（一）幼儿层面

1. 高阶思维调动自主学习

高阶思维能力是指分析、评价与创造，低阶思维能力指识记、理解和应用。在"追光逐影"探究式项目课程中，一切探究过程都表明幼儿是以"高阶思维包裹低阶思维"进行的探索。本探究式项目在提出问题阶段，就用具备挑战性的问题激发幼儿的内动力，充分调动幼儿进行自主学习，让幼儿进行带有分析、解决、回顾、创造等高阶思维的一系列光影探究实验。同时，幼儿在与多种材料的互动中进行低阶学习，通过主动识记影子的产生条件、影响影子的因素等信息，形成后续光影区制作的必要信息网，并有效地将信息运用到最后的成果制作与展示中。

2. 驱动问题推进深度学习

问题贯穿于本项目的始终，而驱动问题让幼儿不断深入学习。在提出问题阶段，幼儿不断地提出多个光影问题，反映了他们对光影这个项目的强烈好奇心，同时幼儿也在不断提问中将被动学习转为主动学习。随后在每一个子问题的实验探究后，幼儿又一次对该环节进行分享、复盘与回顾，推动项目深入开展。回望整个项目的开展，驱动性问题"光和影子有什么关系？"涵盖了所有子问题的内容与目标，并驱使幼儿有想法，有目标，能参与，能学习，能够持续调动幼儿的兴趣和注意力，让幼儿能够长时间地参与到问题解决的过程中，并且鼓励幼儿进行更深度的学习和探究。

（二）教师层面

1. 紧抓幼儿兴趣，激发持续探究

幼儿的兴趣具有偶发性和不确定性，及时抓住有价值的幼儿兴趣点，并将兴趣点拓展为纵深兴趣线，是项目开展的重要策略。访园活动为幼儿提供了新奇的环境、不同于本园的材料，在此背景下，幼儿的兴趣极易生发，教师正是及时抓住了幼儿对浅水湾分园玩皮影戏的兴趣点，并通过投放透视绘本，将幼儿的瞬间兴趣延续为持久兴趣。在"影子是怎么产生的？"这一子问题上，当不同幼儿对不同亲子实验调查的结果存在争议与困惑时，表明幼儿的兴趣从 "影子怎么来"转变到"影子究竟是怎么形成的"上，探究方向转为验证真相，这时，教师引导幼儿进行再次验证，使幼儿的兴趣始终保持，不消散，让项目得以顺利持续地开展。

2. 关注项目细节，助力深度探究

项目的开展是全面的、持久的，这意味着幼儿在这个项目过程中会有各种各样的想法、难题或者发现。教师作为项目的关注者与引导者，要及时判断幼儿项目开展中的细节、想法是否合适，探究的问题是否有价值，是否能够推动项目的深度探究，并提供对应策略。如在前期的影子探究中，幼儿在投影仪投影"光"的幕布前，就开始拿着多种动物图卡进行情景性影子表演，在后来的探究影子的影响因素部分，幼儿更是将多种不同材质属性的遮挡材料进行拼搭创设"幼儿园"情景，这些情景为最后光影区想法的萌发埋下了伏笔，而教师正是关注到这些项目细节，才使得项目进一步深入。

3. 巧用家长资源，建立联动探究

项目课程的可持续发展需要幼儿、教师、家长的共同参与。家长作为项目开展的重要推动因素，一方面，在项目进行中需要家长的帮助和支持，家长可以提供适宜的资源或者环境，帮助幼儿进行探究。比如，在寻找影子是怎么产生的时，家长与幼儿在室内或者其他空间为幼儿提供一个阴暗的、可探索光影的场所。另一方面，项目的推进会遇到各种各样的问题，家长群体作为一个知识面多且广的人群，对于一些棘手的项目问题可能会有更清晰的答案。比如，在探究阶段幼儿遇到"同样是白色的条件下，为什么投影仪照出来的影子是白色的，而其他光源照出来的影子是黑色的？"这个问题，连教师也难以确定，教师请求家长解答，在家长的热烈

讨论后获得答案，有效地推动了项目的后续探究。

4．保持先行态度，促进专业发展

项目的开展是以真实问题为引子，以幼儿兴趣为驱动，在教师的支持与引导下进行。光影项目是一个科学探究式项目，需要教师以严谨、专业的科学态度去促进开展。在本项目开展之前，教师就相关光影科学原理进行学习与讨论，考虑到影响影子的变量太多，给幼儿的科学实验带来很大困难的问题，教师通过适时引导幼儿控制变量，让幼儿深入探究物体的不同材质与不同属性、光的远近都会对影子造成一定的影响。教师作为项目的观察者，需要做到态度先行，专业先行，才能更好地支持项目的开展。

七 项目评价

（一）过程评价："追光逐影"探究式项目课程实验核验表

该项目更注重内部评价，即教师与教师之间、教师与幼儿之间、幼儿与幼儿之间的自我评价和相互评价，因此，结合本项目的预设目标与预设活动，设计了"'追光逐影'探究式项目课程实验核验表"，对探究式项目课程实施过程、实施效果进行监测与评估。

（二）项目成员自评

熙熙说："我最喜欢在科学室做实验，我发现很多东西的影子都很漂亮，有红色、蓝色、黄色……好想以后还能玩。"

馨馨说："去大操场看影子时，我和我的好朋友一起在太阳下做了好看的造型，我们好开心。"

梓涵说："老师在建构区放了很多新材料，我用新的材料搭建了一个光影魔法屋，我用手电筒照着它的时候真的太好看了，它的影子是五颜六色的。"

俊俊说："我觉得我画画的本领变强了，因为在和好朋友做实验的时候，我总是做记录，画很多画，现在我画得越来越好了，老师夸我是个很厉害的记录员。"

图55　幼儿项目自评表

（三）项目成员他评

　　堃堃说："我喜欢和俊俊、旻旻一起做实验。旻旻很会开动脑筋，她找到了做实验的好办法，把手电筒一会儿拿近一会儿拿远，影子就会跟着变大和变小。俊俊做记录做得很认真，他说有些影子是有颜色的，我们要帮它涂上颜色。"

　　瑶瑶说："玥玥和琦琦她们都很有办法。玥玥在做实验时，把红色的半圆形积木和很多颜色的塑料片放在一起，然后我又去拿了两个小人，把它们摆成在一起跳绳的造型。琦琦又拿来了手电筒，照出来的影子就像小人在幼儿园里跳绳。"

　　果果说："超超遇到问题会动脑筋思考，恺恺会举手回答很多问题，当我遇到困难时他总是会帮助我。"

图56　幼儿项目成员他评表

（四）组外同伴评价

　　由于本次项目是以小组形式进行，在光影区做好后，小组成员邀请了班级其他未参与项目的同伴进行评价，既是对项目成果的一个展示，也能激发其他幼儿对项目课程的探索欲望。

茹茹说："他们做的光影区好厉害，其中用了好多材料，有画的，有用黏土做的，还有用纸皮做的。"

悦悦说："我发现他们把东西粘得很紧，堃堃告诉我他们是用胶枪粘的。"

维维说："这好像一个魔法世界，里面有好多奇形怪状的恐龙，里面的小朋友还可以和恐龙一起玩，真奇妙。"

图57　组外同伴参观评价

（五）教师评价

1. 专家评价

本项目邀请了佛山美术专家——小予老师对光影区进行介绍与评价。小予老师表示"追光逐影"是一个大项目，幼儿不仅需要了解光与影的联系、影响因素，还要进行光影区的制作、灯光的调试。通过对光影区的欣赏，可以看出幼儿对待项目的认真与用心。每一块区域都有幼儿的项目学习成果呈现，不管是轮廓清楚的纸板

图58　小予老师对光影区作介绍与评价

小屋，还是半透明颜色塑料片等材料的使用，在灯光的映衬下都有独特而合理的影子。从认识、探究，到验证、创造，其中贯穿始终的是幼儿对科学的热爱与对未知的渴求，还有欣赏美、创造美的能力。

2. 指导教师评价

在"追光逐影"探究式项目课程的开展中，教师看到了每个幼儿的成长和进步。在进行探索实验时他们能先大胆猜测，再进行分组实验、回顾分享、梳理总结，在这一系列活动中，幼儿的分工探究能力、思考能力、合作能力、计划协商能力都得到了增强，能带着问题和任务，有目的地进行探究。在探究影子的影响因素环节，幼儿不仅能够在小组中讨论，选择合适的材料作为实验物品，同时也在实

验过程中分工合作，有的幼儿拿物品，有的幼儿拿手电筒，有的幼儿记录，最后又能在记录过程中相互提醒记录需要注意的地方，整个实验过程有序又高效。在调试光影区灯光时，他们在解决"如何找到最适合的灯光投射"时，通过反复测试、多次对比，最后终于确定了较为合适的灯光。在整个项目过程中，幼儿不断在提出问题、制定计划、探索验证、解决问题，不仅提升了语言表达能力、绘画能力和动手能力，更培养了乐于挑战、勤于思考、善于验证的好习惯。

（六）家长评价

本项目是以真实问题为导向，基于幼儿兴趣与特点开展的探究式项目课程。家长作为本项目中重要的人力资源，推动了项目的深入探究。因此，家长评价作为评价体系中的一部分有着不可替换的意义。

俊俊妈妈说："项目活动已经告一段落，但是孩子对于'追光逐影'这个活动的热爱是持久的。他常常跟我说起他的实验，他用了什么材料，用了什么光源，发现了什么，他的探究能力和思考能力有了很明显的提升。感谢中四班教师对项目的精心构思和组织。如果我们家长向孩子解释光与影的相关知识，一定是通过枯燥地看书、干巴巴地讲解这些方式，教师却是通过愉快的项目探究活动让幼儿自己亲身感受和体验。这样的学习过程，才是最有价值的。"

熙熙妈妈说："通过一个小小的项目就能感受到教师在教育上对孩子的用心。一个探索影子是怎么产生的项目活动，教师能把投影仪和幕布都准备好，让孩子能够借助设备材料进行自主探究。在活动中，不是让孩子简单地拿手电筒照物体，也不是直接告诉孩子为什么会有影子，教师会让孩子自己去探索去发现，引导孩子自己去掌握光影的秘密。这对我来说也是一次学习，我学会了支持与尊重孩子！一次光影项目让孩子收获的不仅是成功的喜悦，更是孩子学会学习、学会分享、学会发现问题和解决问题的过程，这对孩子今后的学习是有很大帮助的，良好的学习行为和习惯的养成对他们来说是终身受益的。"

玥玥妈妈说："玥玥回家后跟我说：'妈妈你知道吗？原来影子不仅仅是黑色的，还有红色的影子，还有绿色的影子！'这段时间班级正在开展探索光影的相关项目课程，孩子每天回家后都会和我们分享。我很惊讶，玥玥能清晰地说出光在上面影子就在下面、光在下面影子就在上面等知识，她是真的理解了影子的方向、高矮与灯光的方向、位置之间的关系。同时，自项目实施后，她也经常把在幼儿园里的实验再次带回家里，一边实验一边高兴地与我们分享她的探究成果。我相信，这种探究精神和热爱科学之心不仅仅是一次探索就可以带来的，这对幼儿探究新问题、解决新问题都有着至关重要的意义。"

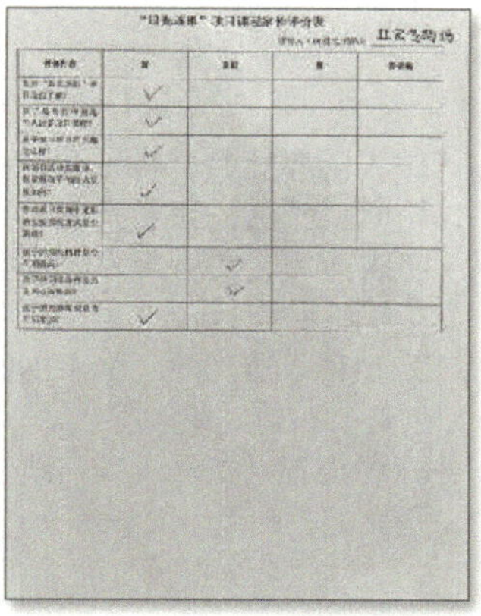

图59　项目课程家长评价表

图60　家长作项目评价采访

八　项目资源

表3　项目资源

资源类别	资源运用	资源具体信息
社区资源	幼儿到校外、社区寻找生活中的光影。	王府井大型光影展、光影灯。
人力资源	1. 家长协助完成"影子是怎么产生的"调查表。 2. 家长协助解答各类光影问题。 3. 专家家长小讲堂、专家项目评价指导。	1. 调查表。 2. 光影相关多媒体课件。
空间资源	1. 室外户外大操场和植物角，供幼儿作为探究的部分场所。 2. 室内班级教室、科学室和美工室，供幼儿讨论问题、操作实验、记录表征、分享回顾和制作展示灯。	1，户外大操场在园内一楼，植物角在园内二楼平台，两个场所都有自然光源照射。 2，活动室内配备有可调节明暗的窗帘，可创造探索光影的空间。同时，活动室有充足的空间和材料，助力幼儿开展项目。其中，科学室有透明度不同、形状不同的材料可供幼儿探究实验，美工室有制作光影区的多种材料。

（续表）

资源类别	资源运用	资源具体信息
资料资源	1. 有关光影的操作绘本，帮助幼儿自主阅读、操作，积累经验。 2. 家长为项目实施问题中的投影仪影子和手电筒影子的不同光影问题作资料解释，帮助幼儿及时解决问题。	1. 绘本《手电筒看里面科普透视绘本》。 2. 投影仪投射的相关原理和影子的形成原理。
物质资源	物体材料、光源材料、记录材料。	1. 不同属性的材料（透明度、轮廓、颜色，如导光柱、半透明磁力片、实心积木、镂空雪花片积木等）。 2. 多种人造光源（如手电筒、射灯、台灯、蜡烛等）。 3. 各类记录工具（如勾线笔、马克笔、画纸、画板等）。

项目 5 交通出行"计"

年龄段：大班

记录老师：谭春霞 赵 雯 李海婷
张巧明 梁绮丽 周敏婷

一 项目缘起

一次活动中，幼儿观看了明珠幼儿园总园的宣传片，他们对明珠总园的功夫角以及新打造的巨型宇宙飞船滑梯产生了强烈的兴趣，一致表示非常想去滑梯玩一玩，去功夫角耍一耍功夫。一番激烈讨论过后，幼儿萌发了拜访明珠总园的想法。可明珠总园与浅水湾分园之间相距很远，要怎么去呢？选择什么交通工具？走哪一条路线？去的路上要注意什么？讨论过程中幼儿发现问题，提出问题，并尝试解决问题，于是一场关于访园交通出行计划的探究之旅就开启了。

图1　观看总园宣传片

图2　总园飞船滑梯

二　学情分析

大班这一阶段的幼儿好奇心强，活泼好动，对于新鲜事物爱学、好问，有强烈的求知欲望，他们的认知水平正在迅速发展，对事物的认识逐渐从表面向深层次发展。对于生活中常见的交通工具，他们能够理解其基本的功能，但对于复杂的交通规则和交通工具的内部结构还不太了解。

大班幼儿在集体出行时，通常表现出较高的合作性和纪律性，他们愿意遵守规则，按照计划的方式行走和乘车。但在一些特殊情况下，如看到熟悉的人或新奇的事物，他们可能会分心或做出不安全的行为，面对突发情况或不同意见，他们可能会出现混乱或争吵。因此，集体交通出行对于培养幼儿的自我管理能力、安全意识、合作意识和团队精神显得尤为重要。

对于大班幼儿来说，了解出行目的地的位置和特点也是非常重要的，这有助于他们更好地计划出行活动，增强对出行计划的探索欲望。

三　驱动问题

根据幼儿提出的问题，教师梳理驱动性问题，开启交通出行计划探究之旅。

📖 **核心驱动问题：**

怎么去访园？

📖 **子问题:**

1. 哪种交通方式最适合集体访园?

2. 怎样预订交通工具?

3. 走哪一条路线?

4. 集体出行需要注意什么?

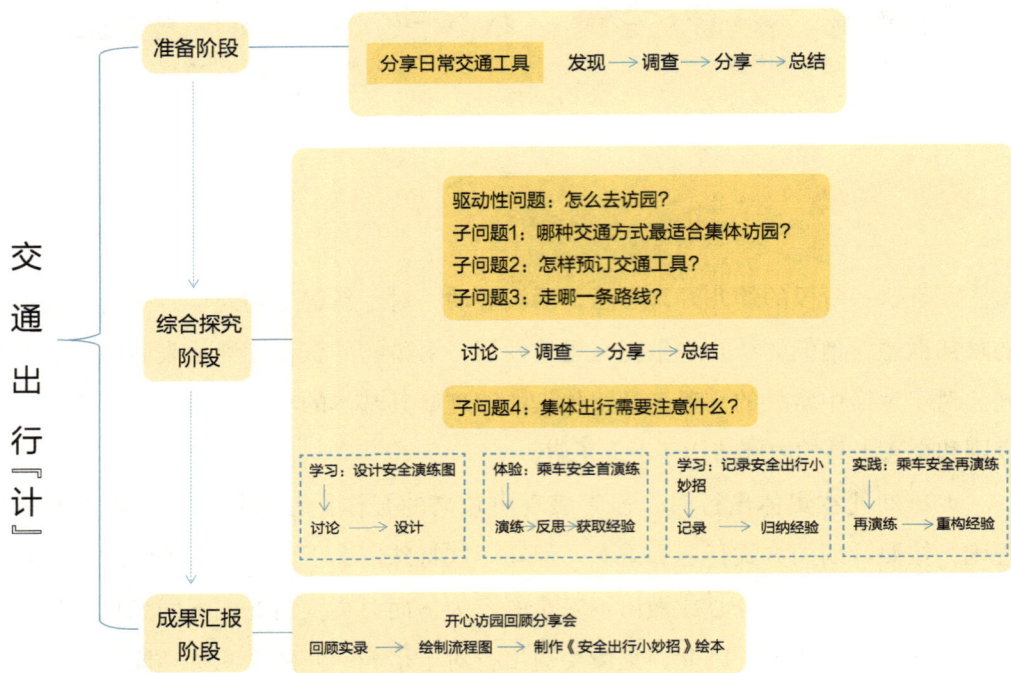

图3 项目实施路径图

四 项目目标

（一）认知目标

1. 准确描述身边四种交通工具的特点。

2. 准确说出安全出行需要注意的事项。

（二）技能目标

1. 通过调查访问、实地考察、记录统计等方式探究出最合适的交通出行线路。

2．积极参与讨论，和同伴协商解决探索中出现的问题，并完成调查表与记录表等。

3．能够运用绘画、手工等方式制作《安全出行小妙招》工具书。

（三）情感目标

1．乐于探究，体验团队合作的乐趣，获得解决问题的成功感。

2．增强安全出行的意识。

五　项目发展实录

（一）准备阶段

幼儿围绕访园交通出行这个话题进行了集体讨论，他们围绕自己对交通工具的一些已有经验进行了交流。

清清说："怎么去明珠总园？"

涛涛说："让爸爸妈妈从家里载我去。"

杨越说："我觉得从幼儿园一起出发更好。"

楠楠说："我同意集中从幼儿园出发。"

诗颖说："不如走路去吧！"

豪豪说："走路太远了。"

琳琳说："坐地铁吧！"

绮桐说："还可以坐电动车。"

每个人都有自己的想法，于是幼儿决定把各自的想法用海报的方式记录下来。

图4　幼儿记录个人想法

💾 **子问题1：哪种交通方式最适合集体访园？**

1．交通工具已有经验分享

幼儿分享各自记录的海报，交流个人经验，进一步感知交通工具的多样性。

图5　幼儿展示并分享个人海报

幼儿分享交流过程中，有的想坐地铁，有的想坐爸爸妈妈的小轿车，有的想坐公交车，有的想坐大巴士，各有各的想法，如何选择呢？讨论后，幼儿决定自行分组对常乘坐的公交车、地铁、小轿车、大巴士进行实地调查。

2．交通工具实地调查

公交车组的幼儿对"哪个是离浅水湾幼儿园最近的公交站？""哪个是离明珠总园最近的公交站？""有几路车可以从明珠浅水湾幼儿园到达明珠总园？"这三个问题展开了实地调查。调查的过程中，有的幼儿现场访问了正在等待公交车的市民；有的幼儿提前和爸爸妈妈通过网络查询，再前往公交车站作进一步确认；有的幼儿在爸爸妈妈的带领下亲自体验坐一趟公交车。

图6　公交车实地调查

图7　地铁实地调查现场

地铁组的幼儿针对"哪个是离浅水湾幼儿园最近的地铁站？""哪个是离明珠总园最近的地铁站？""坐几号线可以从明珠浅水湾幼儿园到达明珠总园？"这三个问题展开了实地调查。

轿车组的幼儿和爸爸妈妈分别讨论了5座小轿车和7座小轿车的拼车问题。

图8　拼车调查

图9　大巴士调查现场

大巴士组的幼儿在爸爸妈妈的带领下访问了旅游公司的工作人员，通过访问得知不同大小的大巴士限座是不一样的，幼儿访问并记录后结合班级总人数和家长讨论了大巴士的需求问题。

各小组完成调查后，回园与同伴讨论、整合并进行分享。

3．实地调查结果分享

公交车组的幼儿代表分享调查结果：从浅水湾幼儿园步行5分钟到依云上城公交站，乘坐185A公交车，途经16个站，每一站司机都会停车，耗时接近1个小时，到达澜石银苑市场站后下车步行5分钟，就可以到达明珠总园。

图10　公交车组的幼儿代表分享

图11　大巴士组的幼儿代表分享

大巴士组的幼儿代表分享调查结果：旅游大巴有23座、39座、45座、55座，班里有40名小朋友、3名老师，再加上司机，共44人，司机建议小朋友尽量不坐前排，综合考虑可能预订55座大巴士比较适宜。

地铁组的幼儿代表分享调查结果：离浅水湾幼儿园最近的地铁站是湾华站，从浅水湾幼儿园到湾华站大约2公里，比较远，步行需要27分钟，在湾华站坐二号线，两个站可以到达澜石站，从澜石站出来后步行10分钟可以到达明珠总园。

图12　地铁组的幼儿代表分享

图13　轿车组的幼儿代表分享

轿车组的幼儿代表分享调查结果：小轿车有7座和5座的，因小朋友不可以坐前排，如果拼7座小车，一辆车可以乘坐5个小朋友和1名老师，班里有40名小朋友和3名老师，统计后至少需要8辆7座小轿车；如果拼5座小车，一辆车只能坐1名老师和3名小朋友，统计后需要14辆小车。

通过实地调查、讨论、分享，大家一致认为大巴士最适合全班一起出行。可出行问题随之而来。

📖 子问题2：怎样预订交通工具？

带着问题，幼儿展开了讨论，并结合讨论结果积极寻求相应的帮助。

楠楠说："我们怎样预订大巴士？"

清清说："旅行社有很多大巴士。"

博文说："我们可以打电话预订。"

诗桐说："电话号码是多少？"

菡彤说："可以找我妈妈，我妈妈在旅行社上班。"

绮桐说："那我们写一封信给菡彤妈妈，请求她的帮助。"

讨论商量过后，幼儿开始着手写信。

图14 商量如何写信

图15 幼儿写好的信

阶段总结

💡 此阶段围绕幼儿身边的交通工具展开，贴近幼儿的生活。幼儿从调查入手，直接走近关于各种交通工具的实际场景，从仔细观察以及对专业人士的采访中获得信息，在宽松、愉悦的氛围中，幼儿能更积极主动地表达自我。本阶段从幼儿日常生活中已有经验发起讨论，体现幼儿是活动的主体，教师是追随幼儿活动的引导者和支持者。

（二）综合探究阶段

📋 **子问题3：走哪一条路线？**

1．诊断活动：规划路线

在教师的支持下，幼儿查找了电子地图，发现从浅水湾幼儿园到明珠总园有三条推荐路线：经东平路、澜石二路到达总园，经魁奇路到达总园，经东平路到达总园。

那么哪一条路线距离最近？哪一条路线花费时间最短？是否正在修路？幼儿围绕问题分组对这三条路线展开讨论并作规划。

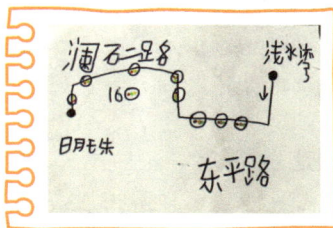

图16 澜石二路规划路线图

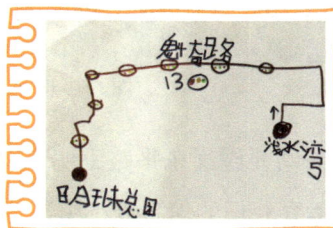

图17 魁奇路规划路线图

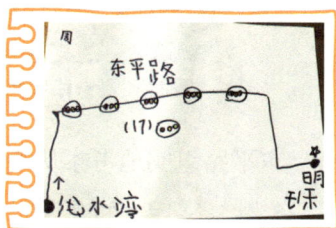

图18 东平路规划路线图

这个规划图只是网络查询出来的，和现实是否存在不一致的情况呢？幼儿认为可以先访问交通警察，因为交通警察对每天的路况是最熟悉的。

通过访问，交通警察给幼儿分享了这三条路线每天的大概路况，但幼儿还是觉得应该对每一条路线作实地考察。于是他们自行分成了澜石二路组、魁奇路组、东平路组三个小组。选择哪条路线也成了本轮实地考察活动需要重点解决的问题。

图19　访问交警

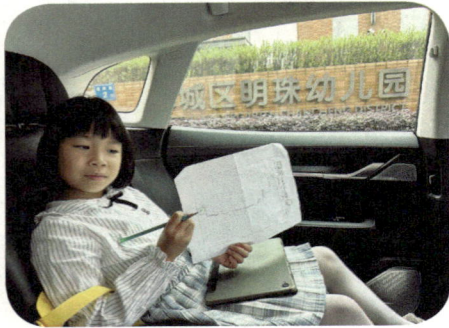

图片20　澜石二路组考察实录

2．调查活动：实地考察最佳路线

澜石二路组实地考察从浅水湾幼儿园经东平路、澜石二路到明珠总园这条路线。

魁奇路组实地考察从浅水湾幼儿园经魁奇路到明珠总园这条路线。

图21　魁奇路组考察实录

图22　东平路组考察实录

东平路组实地考察从浅水湾幼儿园经东平路到明珠总园这条路线。

实地考察后，幼儿回园把考察获得的信息分小组进行整合、记录，并进行分享。

3．学习活动：实地考察结果分享

澜石二路组幼儿代表分享考察结果：经东平路、澜石二路这一条路线去总园，东平路车辆不多，但转进澜石二路后车辆就很多，会出现拥堵现象，全程11个红绿灯，大约需要17分钟到达总园。

魁奇路组幼儿代表分享考察结果：经魁奇路这一条路线去总园，路上车辆多，比较拥堵，全程8个红绿灯，大约需要13分钟到达总园。

图23　澜石二路组幼儿代表分享

图24　魁奇路组幼儿代表分享

东平路组幼儿代表分享考察结果：经东平路这一条路线去总园，路上车辆少，很通畅，全程16个红绿灯，大约需要15分钟到达总园。

结合考察获取的信息，经过讨论、分享并投票，大家一致认为经东平路到达明珠总园这条路线最合适。

图25　东平路组幼儿代表分享

图26　投票结果

子问题4：集体出行需要注意什么？

1．学习活动：设计安全演练图

出行交通工具、路线都已经确认了，还有什么需要准备的呢？幼儿前期有消防演练、地震演练的生活经验，又考虑到集体出行的安全问题，他们提出访园出行前先进行一次演练。于是，幼儿开始策划乘车安全演练方案。

嘉琳说："旅游大巴订好了，路线选好了，我们还需要做什么准备？"

淇淇说："我们要注意外出安全。"

秉璋说："不如做一次演练。"

清清说："演练前需要做什么计划？"

迪迪说："之前做消防演练的时候，老师会引导我们走一条安全的出逃路线。"

绮桐说："我知道了，要设计一幅演练图，演练前让大家熟悉演练步骤和路线。"

2．体验活动：乘车安全首次演练

通过第一次演练，幼儿发现存在很多问题：有的小伙伴在大巴士行驶过程中走来走去，有的在车厢里大声讲话，有的在就座后把脚伸到通道，有的站在座位上玩……太不注重安全了，怎么办？

图27　设计安全演练图

图28　分享演练步骤

图29　乘车安全首次演练现场

3. 学习活动：记录大巴士安全出行小妙招

根据已有经验和首次演练发现的问题，幼儿决定记录大巴士安全出行小妙招。

图30　安全出行小妙招记录示例

4．实践活动：乘车安全再演练

结合安全出行小妙招，幼儿再次进行了演练。演练过程中，幼儿排着整齐的队伍，根据交通模拟灯的信号，手拉手有序地通过"斑马线"。上车后，幼儿自觉往"车厢"后排就座，待坐好后，及时系好"安全带"，过程安静有序。

图31　有序上"车"就座

图32　系好"安全带"

阶段总结

在本阶段，当幼儿碰到不知道如何选择适宜路线、不知道出行需要注意的事项等问题时，教师没有直接告诉幼儿应该怎么做，而是鼓励幼儿进行现场调查、实地考察和亲身体验，注重引导幼儿通过讨论、记录、分享、投票等方法解决问题。整个活动过程是幼儿主动学习和教师积极引导、支持的过程，实现了领域与项目学习的融合，在问题解决的过程中提升幼儿的学习能力，丰富幼儿的学习经验。同时，幼儿的表达能力、探究能力、合作学习的能力以及主动性、坚持与专注等学习品质都得到了发展。

（三）成果汇报阶段

1．开心访园

明珠总园的宣传片让幼儿产生了访园的想法，促使我们开展了一次交通出行计划的探索之旅。项目推进过程中，幼儿通过现场调查，实地考察，分组记录、讨论，分享经验等一系列探究活动，解决了访园交通出行遇到的各种问题。终于，幼儿踏上了期待已久的访园之旅，当天，他们兴奋地坐上提前预订好的大巴士，按照选好的路线，安全有序地前往明珠总园。

随着车门缓缓打开，幼儿迎来了总园小伙伴热烈的欢迎掌声。在总园小主人的带领下，浅水湾小客人参观了总园丰富多彩的环境与游戏场地。他们在总园巨型的宇宙飞船滑梯上尽情攀爬、奔跑，体验速度与激情的完美结合；在震撼人心的功夫角里，欣赏着总园萌娃飒爽激情的武术表演；在欢乐的沙水区里相互合作，勇于探索，感受团队合作的力量……笑声在总园中此起彼伏，久久回荡，这真是一场让幼儿享尽无限欢乐的访园之旅！

图33　开心访园

2．回顾分享会

项目结束后，教师组织幼儿进行了一次回顾分享会，让幼儿分享自己在参与过程中的感受和收获。

（1）回顾实录

景恒说："访园真的太有趣了！我还想再去一次。"

嘉琳说："出行前原来要做这么多准备，做这么多调查，我都惊呆了。"

弘彦说："我考察了魁奇路的路线和路况，路上有数也数不清的红绿灯。"

临溪说："我去调查并实践了坐地铁的路线，地铁真的开得好快。"

芸熙说："公共汽车每一站都会停，几乎每一站都有乘客上车和下车，很耗时间。"

博文说："东平路那条路比较少车，旁边有条河，那条河就叫东平河，原来这条路是用河的名字来命名的。"

绮桐说："我也承担了任务，我和小组成员进行讨论并合作绘制了安全演练图。"

清清说："幸好我们做了安全演练，不然都不知道原来有这么多行为是不可取的。"

楠楠说："和好朋友一起商量、合作完成一件事真的很有成就感。"

芸熙说："我原来很容易跟小朋友吵架，现在不吵了，我更愿意帮助小伙伴。"

杨越说："安全演练时我提醒了梁瀚荻，他还不服气。"

瀚荻说："我下次不会这样了，我会积极听取小伙伴的建议。"

诗颖说："我采访了交警叔叔，好紧张呀！不过交警叔叔向我分享了许多关于这三条路线的交通状况，收获满满的。"

豪豪说："采访交警叔叔好威武，下次我也想尝试。"

楠楠说："在实地考察的过程中我认识了很多交通标志，这些标志是我以前不认识的。"

诗颖说："我和好朋友都选择了公交车调查小组，大家调查同一种交通工具，私下我们也常常讨论这个话题，真开心！"

（2）绘制流程图

回顾分享后，为了帮助幼儿更好地回忆参与活动的过程，梳理项目遇到的问题，排序和展示事件的具体步骤，理清思路，为后续的活动提供经验，教师引导幼儿将项目探究内容以流程图的方式展现出来，让幼儿深刻地理解知识之间的系统性，逐步培养幼儿的逻辑思维能力。

图34　幼儿绘制的流程图

（3）制作《安全出行小妙招》绘本

为了让伙伴们深刻了解安全出行知识，幼儿通过过塑、剪接、打孔、装订，把各自的小妙招制作成《安全出行小妙招》绘本并投放阅读区供大家阅读。

图35　制作《安全出行小妙招》绘本

图36　传阅《安全出行小妙招》绘本

阶段总结

💡 通过一系列的交通出行探究活动，幼儿顺利完成了访园活动。幼儿从高结构活动到低结构活动，从园内实践到社会调查、社会考察，活动的形式与地点都随着幼儿的经验和需求自然转换。探索、调查、考察、实践的过程中，教师观察发现幼儿的兴趣需要，倾听幼儿的谈话和问题，同时看到了幼儿会合作、会发现、会质疑、会推测、会反思、会调整、会表达等多种学习方式。

六 项目总结与反思

（一）项目总结回顾

1. 课程的创生来源于幼儿的一日生活，"交通出行'计'"活动追随大班幼儿的相关生活经验与认知发展水平，结合集团化办学的访园课程，挖掘生活中遇到的困惑，活动从"交通工具的调查、选择"、"路线的实地考察"，到"出行安全演练"，从"大巴士安全出行小妙招"到"制作《安全出行小妙招》绘本"，再到"开开心心去访园"，在各个阶段中，教师一开始就信任幼儿，把主动权交给幼儿，有目的地为幼儿创造了探索的机会，放手让幼儿用自己的方式去探索、去尝试，激发了幼儿的探究能力、合作意识和责任感。更重要的是，在讨论、实践、分享的过程培养了幼儿勇于挑战、敢于解决问题的品质。

2. 在这个活动中，我们没有把以往的经验直接告诉幼儿，而是发挥了幼儿的主导性，让幼儿自己从中发现问题、解决问题，然后不断改进。幼儿也给我们带来了无限的惊喜，从起初的萌发访园想法，到社会实践调查、出行安全演练，再到制作《安全出行小妙招》绘本，最后到访园成功、分享喜悦，让我们看到了幼儿的成长。整个过程中幼儿始终处于积极主动的探索状态，他们的思维能力、分析能力、社会交往能力、表达能力等都得到了有效的提升，他们真正成为环境的主人、游戏的主人、活动的主人。活动中我们也在不断为幼儿提供自由、自主的活动空间，让幼儿真正拥有游戏活动的决策权，让幼儿真正成为游戏活动的主人。

3. 作为教师，在整个游戏的过程中，我们始终在一旁细致地观察幼儿，不轻易介入，放手让幼儿进行探索与调整，让他们自己发现问题、思考问题、解决问题。当幼儿遇到困难请求帮助时，教师会适时给予引导，让他们找到解决问题的途径。事实证明，做一个"管住手""管住口"的教师确实成效显著，幼儿的想象力、创造力和解决问题的能力都让我们为他们感到骄傲。

（二）项目反思与发展

1. 帮助幼儿梳理和总结，把他们"隐形"的思考过程"显性"地表达出来

幼儿在感受了成功的体验后往往会忘掉成功的原因和探索的过程，而这"隐形"的思考过程才是认知发展中最重要的环节。作为教师，在项目中应不断鼓励幼儿记录探索过程，通过图文表征、表格比较、小组回顾等方式帮助他们把"隐形"的思考过程"显性"地表达出来，这样他们的成功体验才能有效迁移。

2. 合理分组，强化幼儿之间的协作与对话

本项目活动通过分组合作进行交通工具社会调查、交通路线社会实践，能最大限度地发挥每个幼儿的优势和特长。虽然不同性格的个体在动手实践、空间想象、语言表达等方面存在一定的差异，但幼儿自主地进行分工、组合可以促进不同性格的幼儿在学习品质上的优势互补，形成组内幼儿的相互帮助和相互启发的学习氛围，促进小组间竞争学习，激发幼儿的学习兴趣和学习动机。

项目 ❻ 带着地图"趣"游园

年龄段：大班

记录老师：黄梅红　聂梓宜　张见君
　　　　　陈颖栩　戴晶晶

一 项目缘起

明珠幼儿园教育集团每年都会开展"明珠娃互访活动"，世茂幼儿园作为明珠幼儿园教育集团的一分子，每年都会接待集团的小伙伴们。在晨谈中，我们围绕

"如何更好地迎接总园的小伙伴？"这个问题展开了讨论："我发现有小朋友不知道厕所在哪里。我想做一个牌子，带他们去厕所。""我上次在总园访园的时候也找不到厕所。""幼儿园挺大的，我发现上次有个小伙伴迷路了。""我还发现上次有个小朋友想去美术馆，但是走错路了。"这时，柚子提出："我们给幼儿园做幅地图吧！这样就不会迷路啦！"熙原提出："我们还可以把地图贴在墙上，等小客人或爸爸妈妈来时，很快就能找到想要去的地方……"

《幼儿园保育教育质量评估指南》在"活动组织"中提出："发现和支持幼儿有意义的学习，采用小组或集体的形式讨论幼儿感兴趣的话题，鼓励幼儿表达自己的观点，提出问题、分析解决问题，拓展提升幼儿日常生活和游戏中的经验。"经过几天的观察，教师发现幼儿制作地图的兴趣越来越浓，教师也进行了多次教研讨论，于是围绕"如何根据幼儿园的地形绘制一幅实用的幼儿园地图，帮助外来的客人更快找到想去的场地"这个问题，教师和幼儿进行多次探究，了解幼儿对于地图的已有经验，并根据幼儿问题网进行筛选，最终选择适合幼儿探究的绘制幼儿园场地地图的核心问题，开启了带着地图"趣"游园的项目学习活动。

二 学情分析

《3-6岁儿童学习与发展指南》提出，大班幼儿具有自尊、自信、自主的表现，能主动发起活动或在活动中出主意、想办法，主动承担任务，遇到困难能够坚持探究而不轻易求助。教师要有意识地引导幼儿观察周围的事物，学习观察的基本方法，培养幼儿观察与分析的能力。当大班幼儿敏感地察觉到周围频繁出现地图并好奇地图到底有什么作用时，教师及时抓住幼儿的探究兴趣，通过小组观察和亲子调查，在生活中寻找并积累地图所包含的不同知识。根据实物和分享调查表，幼儿互相分享，拓展知识面，知道生活中有不同种类的地图，它们的作用也不同，可以通过观察地图上的标志知道其所代表的含义，幼儿对地图的探索兴趣也愈发浓厚。

三 驱动问题

驱动问题：

如何根据幼儿园的地形绘制一幅实用的幼儿园地图，帮助外来的客人更快找到想去的场地？

子问题：

1. 幼儿园里有什么场地？

2. 怎么把幼儿园场地画全？

3. 怎么把场地间的比例画准？

4. 地图还需要画什么？

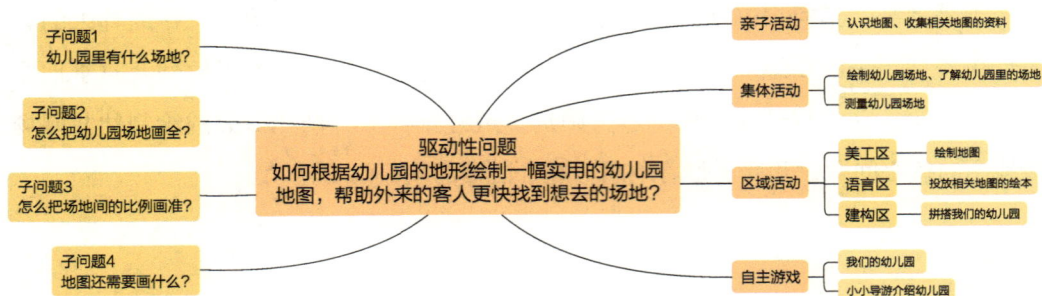

图1 项目内容生成的实施路径图

四 项目目标

（一）认知目标

1. 准确说出常见地图的种类（如世界地图、城市地图等）及其主要作用。

2. 知道地图上的比例尺、方向、图例和注记等地图知识。

（二）技能目标

1. 掌握基本的画图技能，能够根据实际场景画出简单的平面图。

2. 能与他人合作，共同制定游园地图，包括路线、要观察的地点等，能运用调查（实地观察、询问他人）、分析（对比不同地点的特点）、反思（回顾计划执行中的问题）等方法对游园地图进行修改和完善。

（三）情感目标

1. 对地图的探索有浓厚的兴趣和好奇心，积极参与活动。
2. 在小组合作中体验团队合作的乐趣，会倾听他人意见，愿意合作。

五　项目发展实录

（一）准备阶段

在项目式学习开展前，教师进行了审议研讨，基于幼儿兴趣点和经验原点，按其实际需求预设了项目计划。在项目开展过程中，基于真实情境中产生的实际问题，项目内容也在一次次的试错互动中推进生发，围绕"计划—实施—助力—反思"的行进方式，在预设网络上进行了调整和增加。

伴随幼儿对"地图"高涨的兴趣，我们开展了亲子调查活动，让幼儿找一找身边的地图。地图是我们生活中常见的物品，幼儿在爸爸妈妈的陪伴下探寻了各种地图，包括不同地方地图和不同种类的地图。晨谈活动中，幼儿忍不住开始分享起自己"寻找身边的地图"的成果。

鹏鹏说："这是我去参观博物馆时发现的地图。上面有房子，有标志，还有指南针。博物馆很大，看地图就可以很清晰地知道我们要去哪里。"（图2）

雯雯说："妈妈带我去参加甜品节活动啦！我想去尝尝我最喜欢的草莓蛋糕，但是那里太大了，根本找不到。于是妈妈给了我一张甜品节场地地图，我一下就找到啦！"（图3）

图2　幼儿寻找身边的地图①　　图3　幼儿寻找身边的地图②

可见，鹏鹏是基于日常经验观察到了地图上的标志，而雯雯则能够通过地图上的图标路线找到自己想去的甜品摊位。

以幼儿已有经验为生发点，在真实的情景问题中，教师通过"推进观察"共同建构更为全面的经验体系，并让家长利用周末的时间带幼儿到周边的小区、公园、博物馆、广场等地寻找地图，满足幼儿想寻找身边的地图的欲望。

（二）综合探究阶段

📖 **子问题1：幼儿园里有什么场地？**

1. 整理资源，调查分析

大班幼儿喜欢探究新事物，也能联系生活经验进行探究。在亲子实践活动后，教师用引导性的语句鼓励幼儿研究生活中已知的诸多地图，从幼儿的观察视角和角度去解读地图，鼓励幼儿大胆地表达自己的想法，使用调查表的方式对地图进行归纳和辨析，并记录下这些地图中所共同具有的一些特征，为后期绘制世茂幼儿园地图奠定基础。

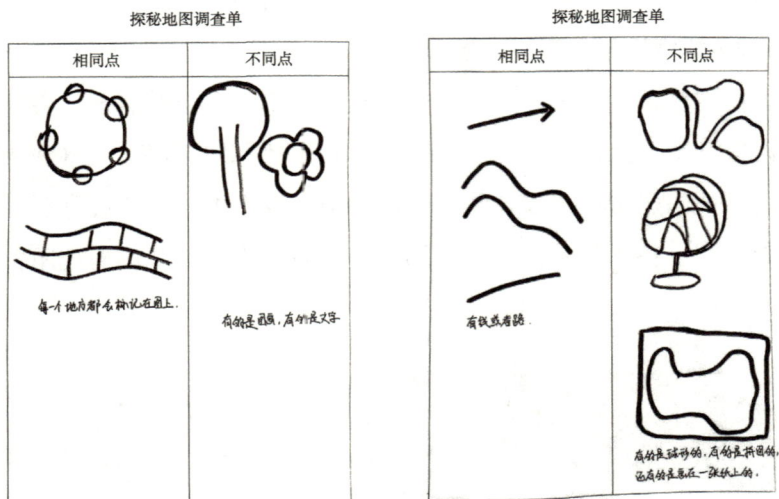

图4　幼儿探秘地图调查表征

2. 亲身体验，实地考察

调查活动后，幼儿到操场进行实地考察，并根据实地考察的情况和已有经验，开始初次尝试绘制幼儿园地图。

（1）提炼幼儿的已有经验

①能运用地图进行简单统计。

②能通过观察推测、理解地图上图例的含义。

③能根据地图辨别小范围内的方向位置（左右辨别表征不准确）。

④能根据实景参照物进行地图上的方向辨别（不完全准确）。

（2）幼儿尝试绘画表征

幼儿立足已有经验，尝试绘制地图参观路线（绘制地图），并将地图与实际场景进行链接（运用地图）。

我们选择一边讨论一边表征的方式，将幼儿的"头脑风暴"记录下来，一方面丰富幼儿的表征形式，一方面让幼儿的经验可视化。经过讨论，幼儿有了自己的方案，并开始积极验证方案的可行性。幼儿发现只要是地图就会有边框、路线和建筑，任何地图上都标有这些比较清楚的标识。

图5　幼儿运用地图表征

3. 第一次绘图，发现问题

幼儿在幼儿园实地考察中初步了解了地图上有场地图标、有建筑平面，之后教师组织幼儿绘制幼儿园的地图。绘画结束后，教师组织幼儿进行分享展示。

图6　幼儿第一次绘制的地图

在分享中，幼儿进行了激烈的讨论。

小马说："我记不住场地，需要边走边画。"

悦悦说："我发现画太大了，要画小一点。"

小宇说："我还想再看看幼儿园还有哪些场地。"

熙原说："我发现有的地图少了阅读室，有的地图少了种植园。"

朗朗说："游泳池位置不对，教室位置不对。"

教师问："那么你们觉得是没有把幼儿园的全部场地画全吗？是什么原因导致的呢？"

小马说："是啊，没有画全。幼儿园实在太大了。"

天天说："我觉得幼儿园的路线很多，我都不会画了。"

小鱼说："我画着画着就不知道画到哪里了。"

教师问："那我们应该怎么做才能把幼儿园的场地画全呢？"

于是，教师再次组织幼儿讨论与梳理，幼儿总结了绘制地图主要存在两个问题：一是幼儿园面积大、线路复杂，导致绘制难度过大；二是幼儿对空间方位认知不清晰、参照物缺乏客体性。聚焦存在的问题，大家提出了解决的办法——分组记录，每个小组根据不同的方式记录幼儿园的场地。通过集体的梳理后，幼儿对幼儿园场地的划分更清晰了。最后，幼儿决定对幼儿园场地进行一次大调查。

📖 子问题2：怎么把幼儿园场地画全？

经过第一次绘制地图，幼儿的绘图能力有了一定的提升，也进一步激发了幼儿想要画一张全面的场地地图的探索欲望。围绕第一次绘制中出现的"怎么样才能将幼儿园场地画全？"这个问题，幼儿按照分组记录的方式进行绘制，他们也发现可以用拍照的方式来拼出地图。

图7　幼儿进行场地记录

实地探索后，教师组织幼儿进行分享与交流。

天天说："这一次我记录的好像更多了。"

梓芮说："走过的路程太多记不住，要把它们画下来。"

鸿胜说："可以用相机拍下来，一拼就是地图。"

一航说："经过的所有地方都要记吗？地图到底是什么样的？"

小鱼说："这样我们肯定做不完，能不能找帮手一起做？"

在这次实地考察中，幼儿又生发了新的问题："要记哪些内容呢？看到的都要记下来吗？""幼儿园太大了，一个人画不完，怎么办？"教师给予宽松的语言和讨论环境，通过"对话生发"的助力策略，让幼儿各抒己见，并支持他们的想法和建议，认同他们的创意。幼儿满怀热情，用自己的脚丈量着幼儿园的每一寸土地，在一次次行走中感知园所的每一个角落。幼儿发现幼儿园实在是太大了，于是基于多次跨班级、跨部门的合作经验，大二班的幼儿发起了伙伴征集："让我们一起为幼儿园绘制地图吧！"最终，依照兴趣，大一班、大二班、大六班地图合作小组成立。幼儿自发分工，在讨论、分配、明确任务后，开始了他们的探秘之旅。

宝好说："我们的幼儿园真大呀，画地图得做到什么时候呀？"

图8　幼儿测量场地

柚子说："可能我们毕业了都还没画好。"

熙原说："我们大家分工合作吧！"

宝妤说："分工合作就可以把地图画全了。"

圆圆说："对，我们从操场开始画地图吧！"

鸿胜说："我觉得还可以把旁边的种植园也画进地图！"

梓芮说："还有跑道，那是我最喜欢的地方。"

图9 幼儿绘制记录①

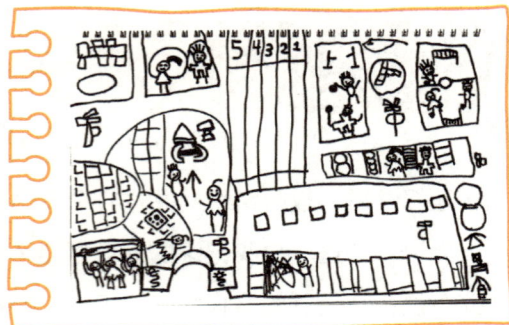

图10 幼儿绘制记录②

行走观察后，教师与幼儿共同开展了探索，还调动家长资源共同收集了多种地图，如游乐园地图、动物园地图，以及开学初为弟弟妹妹寻找班级制作的教学楼地图、照片等，协助幼儿梳理有关地图的经验，为幼儿行走探索中的记录提供支持。

教师结合幼儿的表征，了解幼儿真实的内心需求，引导幼儿回顾梳理问题的关键点，帮助幼儿清晰地了解做了什么、还要做什么等。同时鼓励幼儿尝试运用试错机制，以问题、猜想、实践的方式去多次探索。幼儿的表征计划明显比上一次更为生动翔实，能力的提升驱动幼儿想要画出一幅"完整的场地地图"。

🔲 子问题3：怎么把场地间的比例画准？

通过对多种地图的观察和探索，幼儿明确了制作地图的一大要素是确定标志物，他们自发形成了多样化的记录小组——绘画记录组和摄影记录组，并形成了"地图初稿"。根据幼儿的想法和兴趣，我们进行了进一步的讨论与交流。

书航说："他画得不对，我们是从幼儿园正门开始的。"

教师说："我也这么觉得，起始的位置好像不是这里。"

语希说："种植园应该在跑道的后面，你看你都画到哪儿去了呀？"

锦萱说："哎呀，老师，我这个画错了，怎么办？"

程程说："先画每个场地的形状。"

乐乐说："用尺子测量一下每个场地的大小比例。"

姿姿说："乐乐说得对，我们可以用个机器在空中把幼儿园拍下来。"

结合幼儿的言行，对其行动测量记录进行分析，能更真实地了解幼儿的需求，从而帮助幼儿进一步明确自己的想法和做法。通过幼儿逐渐清晰的测量记录，可以了解到他们对地图的要素之一——幼儿园的标志物已经十分清晰。但分析他们的作品不难发现，他们的记录是随走随记，哪儿空画哪儿，并且都是平行视角，可地图的绘制需要的是俯视视角。

图11　幼儿实地测量

图12　幼儿实地记录

幼儿经过讨论，得出目前的测量方式视角不佳，方位感不清晰，可借助机器从空中拍下幼儿园的整个场地，有助于将场地的比例画准的结论。于是，教师邀请有航拍设备的专业教师拍摄了幼儿园的俯瞰图，帮助幼儿多视角地感知幼儿园的空间方位，更直观地了解标志物所在的具体位置。

图13　无人机拍摄场地图

📖 **子问题4：地图还需要画什么？**

经过不断调整，在了解了标志物所在的具体位置后，幼儿开始绘制完整的幼儿园场地地图。在绘制的过程中，幼儿又发现了新问题：地图还需要画些什么？有了前期的经验准备，幼儿马上讨论出了结果。

一山说："要有方向。"

博睿说："要有比例尺。"

令言说："要涂颜色。"

彤彤说："要有图标。"

图14　幼儿绘制行动

图15　幼儿绘制表征

完成了一幅平面的纸质地图后，幼儿觉得这幅地图太小了，有些局部的细节呈现也不是很清晰。为了让访园的客人能清晰方便地看到这幅幼儿园地图，帮助客人更快地找到想去的场地，幼儿有了一个大胆的想法：等比放大地图，挂在一个大家每天都会经过的地方。于是一张画布地图就应运而生了。

图16　教师讲解

图17　我们画好啦

图18 画布地图

（三）成果分享阶段

1. 项目成果汇报会

绘制好后，幼儿在幼儿园的艺术馆举办了一场项目成果汇报会，我们惊喜地发现幼儿能够在会上大胆勇敢地表达自己在项目学习参与中的感受和成果。此次项目学习由幼儿的兴趣引发，并且在充满好奇和探究的氛围中挖掘出意想不到的内容。幼儿在反复的观察和绘制中感知空间、方位大小的变化，在直观的感受中进行思维的碰撞。当幼儿在绘制地图过程中遇到困难的时候，教师会通过各种分享形式引导幼儿主动发现问题，支持幼儿主动迁移经验，主动建构关于地图的有益经验。

图19 绘制地图成果分享

2. 印制地图发给访园的小伙伴

我们邀请了总园的小朋友来我们世茂幼儿园参观，在他们来园之前，我们提前把制作好的幼儿园场地地图印刷好，幼儿一进门就把幼儿园场地地图发给访园的小伙伴，方便小伙伴直接明了

图20 访园小伙伴看地图

地找到自己想去的场地。

六　项目总结与反思

（一）项目总结与回顾

"带着地图'趣'游园"项目课程从幼儿的兴趣点出发，围绕"如何根据幼儿园的地形绘制一幅实用的幼儿园地图，帮助外来的客人更快找到想去的场地？"这个核心问题进行探讨。经过师幼共同梳理，幼儿从讨论到生成，再到实践，最终制作出一幅实用的幼儿园场地地图。教师在引导幼儿一步步探究如何制作世茂幼儿园的场地地图、激发幼儿积极探究的同时，也培养了幼儿积极自主探索的学习态度，让幼儿学会协商沟通，体验团队合作的快乐。

（二）项目反思与发展

项目学习的开展是围绕着幼儿所遇到的问题进行的，教师充分引导幼儿围绕"发现问题—商讨办法—尝试解决"的模式来开展，根据实际情况梳理问题，或根据幼儿的新想法进行调整和支持。在绘制幼儿园场地地图的过程中，不断出现的新问题激发了幼儿主动探索、积极解决的动力。在整个过程中，我们看到了幼儿的深度学习，在问题解决方面表现为他们能独立思考，有目的地解决问题；在合作能力方面体现在他们能主动发起协商，会担当分工的角色与协调工作；在反思能力方面表现在他们能提出一些自己的思考和建议，乐于接受他人的建议等。

（三）项目与可持续发展连接

著名的幼儿教育家张雪门曾强调："幼儿从行为中所得的知识，才是真实的知识；从行动中所发生的困难，才是真实的问题；从行动中所获得的胜利，才是真实的驾驭环境的能力。"将支持幼儿亲身经历贯穿于整个活动中，在他们空间意识不足而导致呈现结果"分不清方向"时，教师没有立即指出，而是给予他们试错的机会，有了这个经历，幼儿才能从错误中总结迈向成功的经验，在不断地试错的过程中去感知、去分析、去思考、去总结，懂得成功的来之不易，获得探索的乐趣，让项目式学习朝着幼儿想要的方向发展下去。

（四）项目与教师专业能力的连接

在活动中，幼儿以小组为单位，通过调查、记录和讨论，逐步绘制出了他们身边的地图。在这个过程中，幼儿学会了如何收集信息、如何团队协作、如何尊重他人的意见，同时也提高了他们的观察力和解决问题的能力。我们为他们的成长感到非常骄傲，同时也对他们的勇气和毅力感到钦佩。家长们在活动中也发挥了重要的作用，他们不仅提供了必要的支持和帮助，还积极参与讨论和交流，为孩子们的成长提供了有益的建议和意见。这种互动和交流不仅增进了家园之间的联系，也让教师更加了解幼儿的学习情况和需求。

在这样一个由幼儿自发、自主形成的游戏链过程中，教师读懂了幼儿，真正看到了幼儿需要什么，从而成为幼儿的游戏伙伴。教师在倾听、认同、支持、鼓励之中呵护幼儿的游戏热情，助推幼儿游戏水平的提高，更好地顺应游戏链的生发。

（五）项目与幼儿

1. 问题驱动、助力生发

在问题的驱动下，幼儿自主探索，互动推进。教师以以问为引的形式，觉察幼儿兴趣点，问出幼儿困难点，现出幼儿闪光点，支持幼儿自主地发现并解决问题，建构自身的经验，提升各方面的能力。在一个个活动的生发推进中，幼儿的项目化学习水平呈明显的上升趋势。

2. 关注材料，因需而行

伴随游戏的发展，材料应发挥丰富游戏内容的作用，幼儿可根据需要自主选择材料。有些现成的材料，如相机、无人机等，可以通过家园互动的形式提供支持；部分个性化的材料，如调查表等，可以及时给予场地、分工的支持，引导幼儿在区域活动中合作完成。

3. 增加任务，激发合作

在项目学习中增加挑战任务，更能激发幼儿共同应对挑战的兴趣，强化幼儿合作成功的信心，增进同伴彼此之间的亲近与好感，进一步提升幼儿的合作能力。

项目 **7**　访园之安全标志

年龄段：大班

记录老师：苏宇婷　杨晓霖　黄豪明
　　　　　周丽梅　梁淑贞

一　项目缘起

明珠幼儿园教育集团每年都会开展"明珠娃互访活动"，在毕业季来临之际，教师安排了访园之旅，去到了浅水湾分园。在浅水湾分园户外体验大型玩具时，由于幼儿对分园环境不熟悉，出现了幼儿摔跤的情况。访园回来后，幼儿针对本次事件进行了讨论。

泓泓说："我看到航航在大型玩具那里摔跤了。"

韬韬说："啊，怎么摔的呀？"

航航说："因为我没有留意那里有台阶，加上我跑得太快了，所以就摔跤了。"

潇潇说："对呀！我上次在'宇宙飞船'那里也受伤了。"

阳阳说："那怎么办呢？"

熹熹说："我们可以做安全标志呀。"

铭铭说："那安全标志怎么做呢？"

幼儿就这个话题畅所欲言，并有了自己的想法，于是关于"访园之安全标志"的项目式学习开始了。

二　学情分析

1. 社会性发展明显增强

随着幼儿进入大班阶段，幼儿对身边事物的关注度进一步提升，同时，幼儿发现问题和解决问题的能力进一步增强，从小班阶段的关注自我逐渐转变为关注身边的事物和人。

2. 同伴间学习明显增多

大班幼儿交往的能力明显增强，注意的广度也有了很大的提高。他们在注意自己活动的同时还关注同伴的活动，他们还会向同伴学习，通过讨论等途径共同解决问题。

3. 抽象逻辑思维萌芽

大班幼儿的思维出现了抽象逻辑思维的初步萌芽。在认识事物方面，他们不仅能够感知事物的特点，而且能够进行初步的归纳和整理。

4. 好奇好问，喜欢有挑战的学习内容

幼儿的头脑中总有数不清的疑问、问不完的问题，涉及的问题开始指向有一定抽象性和概括性的事物，幼儿开始喜欢有挑战性的学习内容，在经过自己的努力克服一定困难后，解决问题后的成功体验会给他们带来极大的满足。

三 驱动问题

（一）幼儿的问题

1. 怎么制作安全标志？
2. 如果刮大风了，安全标志会被吹走吗？
3. 这里光线有点暗，大家能看到吗？
4. 标志图片这么小，大家能看得清吗？
5. 这个标志，大家能看明白吗？
6. 大家平时有没有留意安全标志？

（二）教师梳理驱动性问题和子问题

核心驱动问题：

我们怎么帮助新园设计安全标志？

子问题：

1. 幼儿园哪里存在安全隐患？
2. 怎样设计安全标志？

3. 粘贴安全标志时要注意什么问题?

4. 怎么样让安全标志发挥作用?

四 项目目标

（一）认知目标

1. 准确描述周围环境中常见的安全隐患，知道其可能带来的伤害后果。

2. 理解不同安全标志的作用，能对相似安全标志进行比较和区分。

（二）技能目标

1. 独立或合作根据实际环境需求，运用绘画、手工等方式创作具有创意的安全提示标志。

2. 制定并演示避免发生意外的防护措施，如火灾、地震等紧急情况下的正确应对方法。

（三）情感目标

1. 乐于表达自己的发现和感受。体会与同伴合作的乐趣。

2. 形成做事专注、不怕困难、敢于探究和乐于想象的学习品质。

五 项目发展实录

（一）准备阶段

安全教育是幼儿学前阶段一日生活中必不可少的一个环节，如何提升幼儿的安全意识与自我服务意识也是幼儿园教师不断推进与探究的问题。结合本次访园活动的一次意外引发的讨论，为我们的安全教育活动的推进创造了良好的条件。

《幼儿园教育指导纲要（试行）》指出："家庭是幼儿园重要的合作伙伴。应本着尊重、平等、合作的原则，争取家长的理解、支持和主动参与，并积极支持、帮助家长提高教育能力。"通过亲子活动的形式，一方面为家长主动参与幼儿教育活动提供了平台，进一步满足了家长希望更多地参与幼儿园教育的期望；另一方面丰富了幼儿园教育的形式，为幼儿多方面的知识积累储备了财富。

为了更好地推进本次项目的实施，前期我们主要从以下几个方面做好准备工作。

1. 晨谈讨论，列出安全清单

教师在每日晨谈中引导幼儿讨论安全标志的话题，记录下幼儿分享的想法，罗列出问题清单。

煜煜说："老师，我上次发现浅水湾的大型玩具的房顶很高，还有小朋友想爬上去呢。"

罗罗说："啊，不会吧，不过确实是的，还有那个隧道我差点都撞到头了呢！"

乐乐说："而且楼梯也比总园的大型玩具高，要注意脚下才不会绊倒。"

晨晨说："那怎么办呢？"

吕吕说："确实有挺多安全问题的。"

语语说："那我们把这些可能发生危险的问题都画出来吧。"

图1　教师组织幼儿晨谈讨论问题清单

2. 亲子寻觅，寻找并记录标识

教师在微信群发布亲子活动，鼓励家长带着幼儿去寻找身边的安全标志，并且拍照记录或者绘画记录。

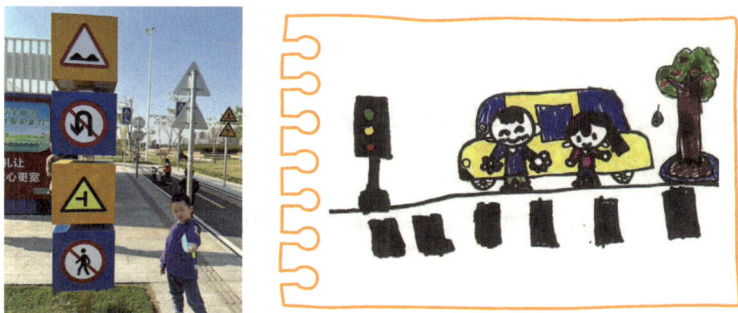

图2　周末亲子外出寻觅、绘画有安全标志的场景

3．交流展示，绘画图片分享

亲子活动结束后，教师组织了分享交流活动，请幼儿根据拍摄的照片或自己的绘画作品来分享在亲子活动中所发现的身边的安全标志。

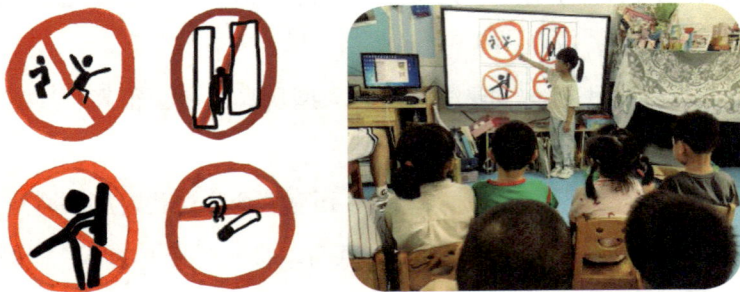

图3　幼儿分享安全标志作品

4．分组设计，明确各自分工

教师根据幼儿的前期知识经验基础和能力水平，和幼儿一起讨论怎么划分小组人员（场地组、人数组、玩具组），分组设计不同种类、不同应用情景的安全标志。

图4　幼儿讨论划分小组人员，绘制设计图

（二）综合探究阶段

🖫 **子问题1：幼儿园哪里存在安全隐患？**

说干就干，幼儿马上三五成群地约上自己的小伙伴，以小组的形式对幼儿园户外各区域进行实地巡查。

大家一边巡查一边讨论并记录下来有哪些地方可能会存在安全隐患，根据不同区域需要的不同警示来确定要制作什么样子的安全标志。

"我们是场地组，大操场的爬梯，攀爬区的攀岩点，水池区的旁边，还有功夫角的台阶，这些都是要特别注意呢。"乐乐说。

"我们是人数组，要去找每个户外场地会不会太多人，如果太拥挤也会发生安全事故。"钧钧说。

"我们是玩具组，要去观察很多玩具，有自行车、滚筒、拱门、积木、球类、轮胎和木板这些，使用时都挺需要安全标志的。"东东说。

"那我们赶紧分头行动吧。"琦琦说。

图5　幼儿分组寻找总园需要注意安全的环境

子问题2：怎样设计安全标志？

1. 安全知识小课堂

各小组通过前期的观察和调查，准备进行初步设计时又遇到了难题。教师发现，幼儿在设计安全标志的过程中对标志的形状、颜色、警示内容等问题的认识还不够。结合幼儿的需求，我们开展了一节有针对性地认识安全标志的课程。

琳琳疑惑地问："什么样的颜色让大家一看就知道要注意呢？"

潼潼说："红色吧，我看到很多地方的安全标志都是红色的。"

淇淇说："不对，爸爸告诉我说，过马路时，黄灯要停，黄色应该也可以。"

正在大家争论不休时，璇璇说："不如我们一起去请教老师吧。"

图6　"安全标志"小课堂

教师引导小组间讨论并结合幼儿的需求及时提供指导，针对设计过程中出现的问题思考解决方法。

图7　幼儿再次进行讨论与设计

为了帮助幼儿更好地开展安全标志的创作活动，我们还利用家长资源，邀请有设计专长的家长和职业为交通安全员的家长观摩幼儿的设计，给出指导意见。

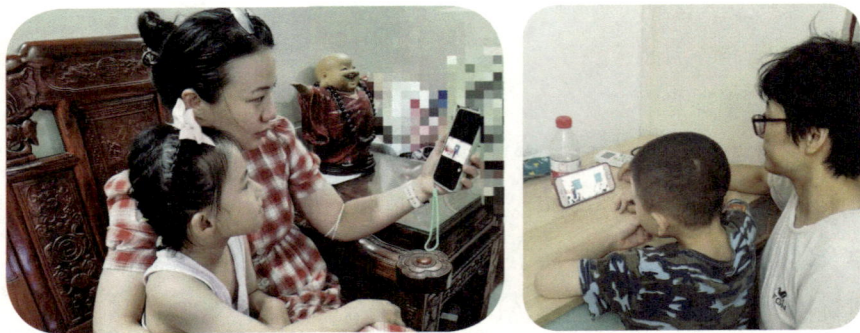

图8　家长为幼儿科普安全知识

2．不同类型安全标志

在了解了相关的安全标志知识之后，幼儿根据之前的分组开始小组讨论，设计不同的安全标志。

● 场地组

霖霖说："我们可以在有转弯的地方贴黄色的标志提醒他们，告诉他们不可以跑那么快。"

潼潼说："有些地方是有台阶的，可以贴黄色的标志提醒小朋友当心台阶。"

乐乐说："还有，可以用绿色的标志提醒他们安全出口在哪里。"

豪豪说："骑车区要往同一个方向骑，不可以逆行，可以在那里贴红色的'禁止逆行'标志，就像在马路上看到的那个标志一样。"

● 人数组

芯芯说："在大型玩具那里玩游戏的时候人好多，要设计一个'不能拥挤'的标志。"

钧钧说："在玩水的地方不能有太多人，今天我看到有15个人在那里玩水，没有发生事故，所以我们可以设计'15个人可以在水池边玩水'的标志。"

● 玩具组

东东说："要警告他们不能乱爬到大型玩具等危险的地方，应该用红色的禁止标志，告诉他们禁止攀爬，不然摔倒了就麻烦了。"

游游说："从滑梯滑下来之后，不可以从下面往上爬上去，不然就会和上面的人撞在一起导致受伤，我们要在滑梯旁边贴'不要爬滑梯'的标志。"

文文说："玩滚桶的时候要在比较大的地方玩，我要设计一个这样的标志。"

3. 材料选取与使用

幼儿在了解了安全标志的基本要素后，开始尝试结合教师对制作材料和标识颜色选择的指导，分小组制作安全标志。

"安全标志我们用什么材料制作呢？"沐沐问。

欣欣马上大声地说："我知道，我知道，我们画出来就好了，我看到马路上的安全标志都是图片。"

霖霖疑惑地问："那是用水粉笔、蜡笔还是彩笔画呢？"

平时特别有主见和号召力的泽泽马上说："用水彩笔就好啦！"

经过讨论，幼儿选用了画纸和水彩笔两种材料，开始各自的安全标志的创作。

图9　幼儿再次进行创作

📖 **子问题3：粘贴安全标志时要注意什么问题？**

　　幼儿制作完成后，教师带着幼儿来到安全标志相应的区域进行粘贴活动。在粘贴的过程中，幼儿的问题又纷至沓来。

　　"要是下雨了，安全标志被淋湿了怎么办？"熙熙担心地说。

　　"如果刮大风了，安全标志会被吹走吗？"芯芯也不由得担心起来。

图10　熙熙把未过塑的安全标志贴在柱子上

图11　芯芯把没贴稳固的安全标志贴在滑梯旁

　　"这里有点暗，大家能看到吗？"淇淇一边粘贴一边自言自语。

　　朱朱小声地对教师说："老师，我画的图片这么小，大家能看得清吗？"

图12　淇淇将安全标志贴在光线不足的板上

图13　朱朱将小小的安全标志贴在扶手旁

　　在粘贴安全标志的过程中，幼儿思考标志粘贴在哪里可以让同伴看到，以及怎么把标志粘贴稳固的问题，他们作了不同的尝试。结合大家的问题，教师适时组织幼儿进行讨论。

　　针对幼儿在粘贴安全标志过程中出现的问题，教师组织和指导幼儿结合日常观察及生活经验的积累，总结出相应

图14　幼儿解决办法的表征

的解决办法。

自从粘贴了安全标志后，幼儿对于自己的安全标志是否能起作用非常关注，每次户外活动时都会特别留意被带去保健室的小朋友的数量。

又一天户外活动后，宇宇和几个小伙伴来到教师身边对教师说："老师，我们发现，这几天受伤的小朋友还是有那么多哎。"幼儿发现贴了安全标志之后，幼儿受伤的情况并没有减少。"那是什么原因呢？不如你们去调查一下吧。"教师说。

在教师的指导下，幼儿结合"为什么贴了安全标志，受伤的人数还是没有减少？"这一问题去不同班级和年级进行了调查，最终汇总得出主要有两个问题：小班幼儿由于认知的问题，不理解标志的意思；小中班的幼儿没怎么留意到幼儿园户外新粘贴了安全标志。

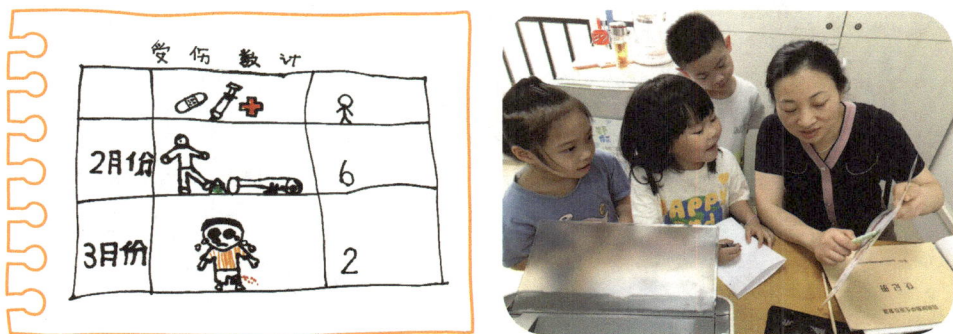

图15　幼儿主动向保健医生询问园内受伤人数数据

💾 **子问题4：怎么样让安全标志发挥作用？**

为了让更多的幼儿知道幼儿园户外不同区域粘贴了安全标志并发挥效用，教师组织幼儿再次进行了相关讨论。

教师问："结合之前大家收集回来的问题，你们觉得应怎么解决呢？"

珊珊说："我可以告诉我小班的妹妹，这样她就知道了。"

游游说："我觉得可以和其他班的老师说，这样老师就可以告诉其他班的小朋友了。"

刘刘有点不确定地说："可是我们有那么多的安全标志，老师也不能一下子都记住呀。"

乔乔兴奋得跳了起来："我们可以直接做小老师呀。我们去说就好啦。"

文文说："我们可以像小交警一样，站在我们设计的安全标志前，提醒其他班的小朋友。"

教师说："你们的办法都非常好，我们可以设置安全员，每天户外活动的时候站在安全标志的位置提醒其他班的小朋友，同时也能介绍他们认识我们设计的安全标志。"

图16　安全标志组员提醒同伴注意安全标志

幼儿就如何安排安全员和进班讲解的分工问题进行了再次讨论，并按照最终确定的排班表实施，让幼儿设计的安全标志真正发挥了作用。

图17　安全员分工和排班表的图像表征

一段时间后，幼儿通过户外活动时观察进出保健室的人数和亲自与保健医生确认进行宣讲后的数字变化，最终确定了他们设计的安全标志发挥了作用，他们由衷地感到开心。

图18　幼儿再次向保健医生询问近期园内受伤人数数据

不仅如此，幼儿还想将总园的安全标志送到浅水湾分园进行分享，他们设计安全标志的兴致更高了。

（三）分享展示阶段

1. 普及标志，开展安全课堂

幼儿兴致勃勃地设计着要粘贴到浅水湾分园的安全标志，突然有个幼儿有了一个疑问：分园的小朋友会不会看不懂我们设计的安全标志呢？幼儿马上就进行了讨论。

宁宁有些担心地说："分园的小朋友看不懂我们的安全标志，那它们就不能发挥作用了。"

豪豪提议："我们可以请分园的老师也学着我们这样设置安全员呀，提醒小朋友要怎么样注意安全。"

涵涵有不一样的想法："我还是想让我们来提醒分园的小朋友，这是我们的事情。"

炫炫有了好主意："我们可以教分园的小朋友来认识我们设计的安全标志！"

炫炫的提议得到了大家的认同，于是大家把想法告诉了教师。幼儿和教师一起商量，决定分成若干个小组，带着幼儿制作好的安全标志到浅水湾分园去，请分园的教师协助幼儿进班分享。

图19　浅水湾分园幼儿在自己园区进行安全标志的分享

浅水湾分园的大班教师很赞赏总园幼儿的做法，浅水湾分园的幼儿还提议在近期的主题晨会上也进行相关的宣讲表演，这样他们对这些安全标志的印象就更深刻了。

图20　浅水湾分园大班幼儿进行"安全标志"主题晨会

2. 园区普及，集团初步推广

本次项目活动，幼儿制作安全标志由总园普及到浅水湾分园，并且安全标志的效用也得到了检验，确实让幼儿在户外游戏活动时懂得注意安全，减少了受伤情况的发生。

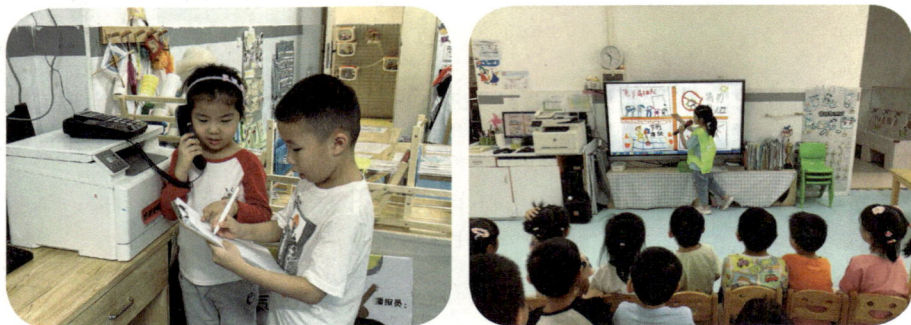

图21　幼儿在集团园区普及安全标志效用

幼儿还制作了《安全标志项目小书》进行项目成果的展示，罗列展示他们所设计的安全标志，而且并不局限于成功应用的安全标志。

图22　幼儿绘制《安全标志项目小书》的成果

在项目的最后，幼儿还组织了一场汇报，幼儿代表汇报了这次项目的过程和成果。

图23　幼儿"访园之安全标志"汇报会

在项目延伸方面，幼儿还主动走出园外，与家长共同寻找社区中的安全隐患并为它们设置安全标志。

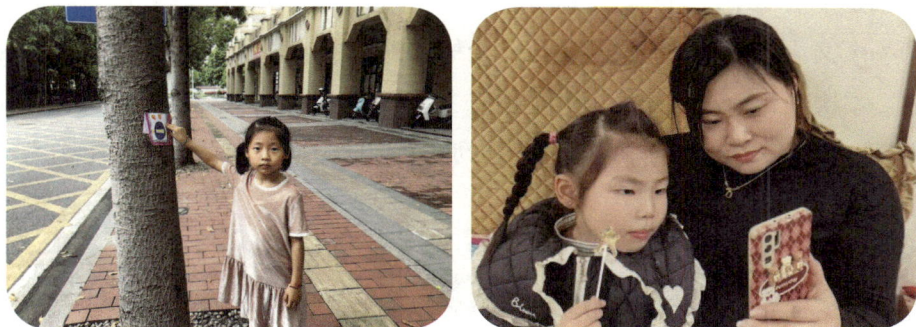

图24　"安全标志"走出园外

六　项目总结与反思

（一）项目总结与回顾

安全教育是幼儿园教育中非常重要的内容，设计安全标志的想法需求来源于幼儿学习活动中的偶发事件。在此活动前，幼儿对安全标志还没有具体的概念。于是，教师在每日晨谈中引导幼儿讨论关于安全标志的话题，记录下幼儿分享的问题清单；发布亲子活动，鼓励家长带着幼儿去寻找身边的安全标志，之后幼儿回园分享；和幼儿一起讨论怎么划分小组人员，分组设计不同种类、不同应用情景的安全标志；粘贴了安全标志后，协助幼儿反思标志为什么没有发挥应有的效用以及思考如何安排安全员和进班讲解的措施来让安全标志真正发挥作用。整个项目过程提高了幼儿的安全意识及社会适应能力，为幼儿的生命安全打下了坚实的基础。

幼儿的一日生活学习中蕴含着丰富的课程资源，教师要善于观察幼儿的生活，引导他们发现学习和生活中的问题，激发他们发现问题、解决问题的内在动机，并支持他们有步骤、有规划地解决问题。这个活动由幼儿在访园活动中遇到的真实问题引发，由此萌生了"我们对分园环境不熟悉，要设计安全标志"这样一个真实需求，他们经过计划、实施、调整、讨论与改进，最终成功做出了应用在户外区域以减少幼儿受伤情况的安全标志。在制作、粘贴安全标志的过程中，幼儿在一次次的失败后不气馁，继续讨论、调整，然后再次进行尝试，展现了耐心、毅力以及良好的分工协作能力，这些都是非常珍贵的品质。

本次大班项目活动"访园之安全标志"给幼儿提供了开放式的、自主化学习的机会。在整个活动中，幼儿始终保持积极主动的态度，通过自主探究操作和合作，克服了一个又一个困难，完成了制作安全标志以及在集团浅水湾分园普及安全标志的任务。本次项目活动既充分调动了幼儿主动学习的愿望，又提高了他们解决问题的能力，有效提升了幼儿的学习品质，让幼儿真正成为自由且主动的学习者。

（二）项目反思与发展

在这个活动中，教师始终扮演着支持者、引导者、合作者的角色。教师的适时介入和退出对于幼儿的主动学习至关重要。在幼儿不需要帮助的时候，教师静静地在一旁观察，给他们充足的时间去思考、讨论和尝试；而在他们需要帮助的时候，教师又以鼓励、引导、提供建议等方式引导他们通过思考、拓展思路、寻找帮助来获得新的经验。无论是积极调动已有的经验去思考和尝试，还是与同伴、教师之间交流讨论，幼儿都是在进行自主探索，主动学习。

此外，在活动中，教师能够看到幼儿之间的合作在他们探究和学习中所发挥的重要作用以及所产生的积极影响，这对以后的活动会有所启发。

通过项目式学习的开展，家长切身感受和体验到了幼儿所在园所的科研动态和在推动幼儿教育发展方面所作的努力，让家长更清晰地了解幼儿在园所的一日生活开展情况，从而能够更加理解和配合幼儿园进行相关的教育工作，更好地促进家庭教育与幼儿园教育的步调协调，从而更好地发挥家园的联动性。

但活动还存在一些不足之处，幼儿的语言有一百种，我们其实可以不限制幼儿的想法和尝试。如在讨论安全标志怎么设计时，我们可以不拘泥于安全标志的形状和颜色，可以先鼓励幼儿画一画自己想要创作的标志。在创作完成后，各组幼儿集中展示和评析这样的安全标志是否符合需求，然后再有针对性地开展一节有关安全标志的认识活动。在活动进行的每个阶段，教师都可以带幼儿回顾一下遇到的问题以及解决问题的办法，及时帮助他们梳理和内化经验。相信以后教师还会开展更多这样的活动，教师也会和孩子们一起学习，一起成长。

（三）项目与教师专业能力的连接

项目活动锻炼教师的观察能力。观察是幼儿园教师的基本功，观察也是适宜性教育的基础，是教师指导的前提。在本次项目活动中，教师适时退出，成为幼儿活动的支持者和合作者，在充分尊重幼儿的意愿和项目任务进度的基础上，将更多的指导与支持反映在隐性地引导幼儿思考和行动中，反映在小组讨论和实践操作等持续性的支持中。在项目进行的过程中，教师通过实际观察判断幼儿的发展水平，判断幼儿的最近发展区，了解幼儿的问题，并引导幼儿一起寻求一个比较好的策略和方法再去操作实施。幼儿在粘贴安全标志的过程中发现了很多问题，这些问题怎么解决呢？教师组织幼儿开动脑筋思考在日常生活中所观察到的标志是怎么避免这些问题的，引导幼儿在讨论和尝试中总结出了相应的解决办法，并逐步去实现。

在项目活动的实践中提升课程设计能力。教师关注幼儿在项目活动中的疑难问题，并及时引发生成课程。教师在项目式活动过程中发现幼儿对安全标志的形状、颜色、警示内容等问题的认识还不够深入时，及时根据幼儿的需求组织开展了认识安全标志的课程，既有教师开展课程活动讲解，也利用家长资源，邀请相关家长观摩幼儿的设计并给出指导意见。在项目活动中，幼儿一开始满怀兴趣，带着好奇心，中间的过程充满未知与奇妙，都在等待着幼儿去探寻。在设计、制作、延伸的过程中，幼儿体会到了探究的乐趣，也收获了幸福的成长。教师设计的课程内容和脉络始终追随幼儿的兴趣和需要并不断调整，最终形成了支持幼儿学习、涵盖幼儿全面发展的课程网络。在这个过程中，幼儿的各种感官被调动起来，学习兴趣得以激发，实现了幼儿情感、能力、知识全面和谐发展的目标，教师也完成了从教学意识到课程意识的转变，课程设计能力得到充分提升。

项目 8　奇趣光影游戏屋

年龄段：大班
记录老师：陈敏茹　谭雁华　谭妲娜
刘婷涓　罗诗华

一　项目缘起

在"明珠萌娃访园活动"中，明珠幼儿园总园的小伙伴邀请我们浅水湾幼儿园的幼儿去玩光影游戏。活动中幼儿非常兴奋，每个人都在光源的投射下开心地挥舞着手中的物品。"我的影子是黑色的""我的影子是彩色的""物体离光近影子大，物体离光远影子小"……幼儿的讨论从总园一直延续到自己的班级。他们对光影游戏意犹未尽，还想继续玩这样的游戏。教师紧抓幼儿的兴趣点，一场如何在幼儿园里玩光影游戏的探索活动开始了。

二　学情分析

（一）大班幼儿身心发展特点

1. 身体协调能力提高

幼儿身体协调能力逐渐提高，能更加灵活地运用自己的身体进行各种活动，比如跑、跳、爬等。可以设计需要动手动脑的活动，帮助他们进一步发展身体协调能力。

2. 社交能力和合作意识增强

幼儿逐渐懂得与他人合作、分享和交流，能在团体活动中积极参与并与他人互动。可以设置小组活动或团体游戏，培养他们的团队合作意识和社交能力。

3. 注意力和集中力增强

幼儿注意力和集中力相对于以往有所提高，能够更加专注地参与活动并完成任务。可以设计富有趣味性和挑战性的任务，帮助他们提高注意力和集中力。

4．想象力和创造力丰富

幼儿想象力和创造力逐渐丰富，他们喜欢通过角色扮演、绘画、手工等方式表达自己的想法和感受。可以提供丰富多样的材料和工具，鼓励他们自由发挥想象力和创造力。

5．自我认知情绪管理能力提升

幼儿逐渐认识自己的情绪和需要，并学会适当表达和管理自己的情绪。可以设置情绪管理的小活动，帮助他们学会表达情感并寻求支持。

（二）幼儿情况分析与价值判断

1．幼儿所提出的探索问题是基于日常活动的真实问题。基于幼儿兴趣，开展幼儿愿意探索和尝试的任务。

2．幼儿对于光影游戏已有一定认识，知道玩光影游戏的基本条件。可以基于生活经验，结合想法，以幼儿兴趣和生活经验为出发点，让其自主探索，发挥主体作用。

3．以分享讨论的方式解决"光影盒子怎么做"，自发对"光影盒子"展开探索。提高幼儿自主探索、表达自我、与人沟通的能力，发挥主动性、创造性、自主性。提高自信心和荣誉感，形成完整人格。

4．能用图画或其他符号记录信息，懂得使用尺子，掌握简单的测量方法，会借助调查表收集信息等情况，能用计划、调查、测量、统计、试验、改良、归纳等方法进行深度学习，这些方法能够极大程度上提高幼儿认知水平，发展幼儿科学探究的能力。

5．积极采取多种不同的材料工具，使用不同的装饰方法美化魔法屋，能够促进幼儿发现美、感受美、创造美。

综上所述，光影游戏屋项目是幼儿能够通过探索达成的任务，可以预判该项目具有成立的可行性。开展项目活动时教师须根据大班幼儿各方面的身心发展特点以及已有经验进行充分考虑，通过设计丰富多样的活动，促进他们在身体、社交、认知和情感等方面的全面发展。

三 驱动问题

除了在明珠幼儿园总园的科学室可以玩光影游戏，还有哪里可以玩光影游戏呢？针对这个问题，以亲子调查作为项目学习的启发性驱动。

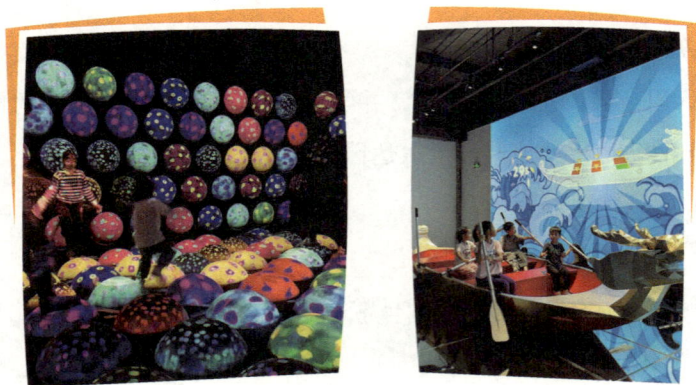

图1　亲子调查实录

在家长的陪伴下，幼儿亲身体验了光影游乐场馆，发现其设计通常以黑暗环境为主，游玩者一进入场馆就会专注于光影的变化，趣味性更强。有了光影游乐场馆的游玩经验后，他们对在幼儿园哪个地方玩光影游戏进行了探讨："我们在哪个地方玩光影游戏比较合适？""在王府井玩的光影馆是很大的，那我们到底要做多大呢？""玩光影的地方需要窗户吗？""用什么材料搭建光影游戏屋？""里面的灯光要怎样才可以更吸引人啊？"……幼儿的以上问题都聚焦在光影游戏屋的制作材料、空间大小和怎么设计上。在众多问题中，教师梳理出以下几点作为本次项目学习活动的驱动问题，以支持幼儿持续探索。

📖 **驱动核心问题：**

如何在幼儿园里玩光影游戏？

📖 **子问题：**

1. 幼儿园里哪里适合玩光影游戏？

2. 幼儿园里的光影游戏屋需要做多大？

3. 搭建光影游戏屋需要哪些材料？

4. 光影游戏屋可以怎么搭建？

5. 如何才能玩出彩色光影？

四 项目目标

（一）认知目标

1. 能够说出光影游戏屋的主要搭建步骤，认识搭建过程中用到的工具及其用途。
2. 描述光影魔法屋的几种常见制作材料，并能对其特点进行简单归纳。

（二）技能目标

1. 熟练运用连接、固定、组装等方法，独立或合作搭建光影游戏屋，正确使用合适的工具。
2. 通过观察、调查、测量、统计等方法，探索光影魔法屋制作材料的特性，提高探索能力。

（三）情感目标

1. 积极主动地参与关于光影游戏屋的讨论，表现出对探索光影游戏屋的浓厚兴趣。
2. 在与同伴合作协商、共同搭建的过程中，体验合作的快乐，增强合作意识。

五 项目发展实录

（一）准备阶段

📁 子问题1：幼儿园里哪里适合玩光影游戏？

1. 游戏屋选址

幼儿在幼儿园的各个角落寻找适合打造光影游戏屋的位置。他们来到课室外面的走廊，发现位置太窄了，会影响其他班的小朋友走动。

图2　幼儿在园内寻找适合玩光影游戏的地方

幼儿又走到户外。户外非常空旷，空间充足，但户外光线比较强烈，而且最近天天下雨，他们发现游戏屋搭在户外并不合适。

2．确定场地

幼儿继续在园内寻找场地，发现小礼堂空间足够大，而且是在室内，不受天气的影响，关灯后环境也较为黑暗，最后幼儿选择了小礼堂的一块空地作为光影游戏屋的场地。

图3　最终确定在小礼堂更适合玩光影游戏

（二）综合探究阶段

📖 **子问题2：幼儿园里的光影游戏屋需要做多大？**

光影游戏屋大小我来定

嘉熠说："我们要做多大的光影游戏屋？"

梓洋说："起码和我们的阅读区一样大，能坐下好几个人。"

潼潼说："阅读区有多大？"

乔乔说："那我们去量一量就知道了。"

檬檬说："450、320……这些数字到底表示多长？"

图4　幼儿测量班级阅读区大小

教师说："我们可以用什么方法来测出这些数据的长短？"

乔乔说："我们可以拿建构区的积木来比对。"

嘉熠说："那我们去拼一下吧。"

针对幼儿对测量数据不理解的情况，教师引导幼儿用实物代替数据的方法进行测量。在教师的支持下，幼儿借助积木来

图5　确定光影游戏屋大小

比画光影游戏屋的大小。实践发现，10块积木的长度刚好与阅读区的长度一致。

📖 **子问题3：搭建光影游戏屋需要哪些材料？**

1. 房子小调查

第一阶段学习以及相关问题的提出，激发了幼儿想要继续探究的兴趣。为支持幼儿的探究活动，教师利用自然和实际生活机会，引导幼儿通过探访、比较、操作、实验等方法发现问题、分析问题、解决问题。

幼儿经过讨论列出"房子的结构是怎么样的？""我想设计什么样的房子？"两个问题，并把问题带回家寻找答案。

图6 调查表

图7 幼儿调查表分享的照片

乔乔说："我家的房子有墙，有屋顶。"

城城说："我家住在23楼，是一个很大的长方形。"

蓓蓓说："房子需要有门和窗户。"

嘉熠说："我知道还要有柱子或者梁，这样房子才结实。"

从幼儿的分享中，教师发现幼儿对房子的结构较为熟悉，他们了解最多的是房子的外貌特点，比如门、窗、墙壁、屋顶、柱子等。

图8 幼儿对房屋结构调查梳理结果

在分享时，幼儿还提出了以下问题：房子是用什么材料建的？房子为什么都是方形？怎么能够把它建得更稳固？……为了得到更专业的建构方法，帮助幼儿了解搭建知识，教师借助家长资源，邀请建筑工程师圆圆爸爸来班上为幼儿介绍建房子的技巧与步骤。

2. 搭建房子我想知道的事

（1）确定房子形状

幼儿带着房子建构方法等问题，让圆圆爸爸来班上对大家的疑惑作一一解答。

钧濠说："叔叔，我们见到的房子为什么都是方形的？"

乔乔说："怎么能够把房子建得更稳固？"

潼潼说："我想要一个圆形的房子。"

圆圆爸爸针对幼儿的设计图，给他们分析了三棱椎、方体、圆柱体等物体的结构特点。圆圆爸爸总结说："建房子最主要的是从安全和实际应用的角度出发，方形的房子能够最大限度地提高空间的使用率，圆形的房子会多出很多没用的死角，没办法摆放东西。"

图9　建筑师家长讲解建构房子方法

通过圆圆爸爸的讲解，幼儿最终决定采用方形作为房屋的形状。

（2）房子搭建流程

甄瑜问："建房子要从哪一步开始？"

圆圆爸爸说："建房子首先要选择一块平整的地面，打好地基。打好地基了，我们就要立柱子，保证房子不会倒塌。有了柱子作依靠，我们就可以做墙面，最后做屋顶，这样我们的房子才算基本完成。"

房子是幼儿日常生活中最熟悉的地方，他们在已有经验的基础上通过专业人员的指导，了解建构房子的流程，结合表征经验绘制建房流程图，为下一步搭建房子提供了可靠依据。

3. 寻找合适的搭建材料

（1）商量使用什么材料

得知建构房子的方法后，幼儿开始商量

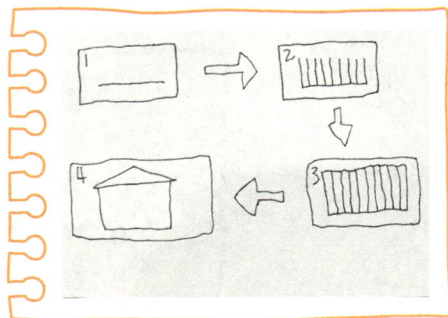

图10　建房流程图

使用什么材料搭建。

嘉熠说："我想用纸箱来做游戏屋。"

甄瑜说："我想用乐高积木搭建。"

惠予说："我想用建构区的塑料管来搭建。"

诚诚说："大型建构积木很像砖头，我觉得可以用它。"

潇莹说："户外迷宫能够站得稳，这材料用来做游戏屋的柱子应该会很稳吧！"

姚姚说："那要做多高的呀？"

嘉熠说："够我进去就可以了。"

甄瑜说："那老师这么高就不能进去了呀！要不我们测一下老师的身高，就可以找到答案了。"

图11　材料实施小组讨论记录表

幼儿在选择材料的议题上各抒己见，教师伺机抛出问题："这些材料都适合制作游戏屋吗？到底哪种材料能搭建稳固的游戏屋？"在给幼儿计划性思考的同时，强调师幼共建的驱动性问题。在问题的引导下，幼儿根据收集的材料，按兴趣分为5个项目小组进行试验，分别是纸箱组、纸盒砖块组、塑料管组、大型建构积木组和户外迷宫组。

（2）材料试验

面对这些搭建材料，幼儿根据设计图与建筑师教导的建房流程进行建构。经过试验和交流，得出了如下结论：

表1　材料选择适宜性表

材料名称	优缺点	材料搭建结果
纸盒砖块	优点：能拼出多种造型。 缺点：需要很多砖块，不够稳固，一推就倒。	

（续表）

材料名称	优缺点	材料搭建结果
纸箱	优点：拼搭方式简单。 缺点：拼搭的房子不牢固，立不起来。	
大型建构积木	优点：平铺造型容易架起，可形成斜面。 缺点：立体造型稳固性差，需要很多块积木，积木之间没有连接性。	
塑料管（PVC管）	优点：结合接口使用，基本能拼出立方体，外形较为结实，容易拼接。 缺点：长短不一，对应边的管子容易断开连接，裁剪困难。	
户外迷宫	优点：搭建时间短，有布连接柱子，材料获取快捷简单。 缺点：无法搭高。	

阶段总结

从实践中观察到，幼儿搭建游戏屋的材料选择都源于生活经验，但经验较为零碎。尽管他们会结合以往的建构经验进行选择，但认知度有限。他们能有目的、有计划地思考，体现了工程类项目学习的主要特点，而计划性和目的性也是大班幼儿学习能力和素养培养的内容之一。

子问题4：光影游戏屋可以怎么搭建？

1．搭建进行时

（1）确定搭建材料

各项目小组实践后，召开了儿童会议。他们根据搭建过程中出现的问题以及最后呈现的作品来判断材料是否合适。最后幼儿一致认为PVC管最适合搭建游戏屋，因为PVC管比较硬，不容易损坏，易拆卸安装、取放方便。但新问题也随之出现了。

子健说："建构区的塑料管有长有短，拼出来的游戏屋模型不平稳。"

臻臻说："有一条管子不够长，没办法连接起来。"

潼潼说："我们的管子不够长，需要用更长的管子。"

幼儿经过深思熟虑，带着设计图，向园长妈妈提出搭建光影游戏屋的需求。为了将这一富有创意的构想变为现实，园长妈妈果断决定采购PVC管，协助幼儿实现创意。随后，她向幼儿提出了一个问题："你们需要多少PVC管？"这个问题立刻引发了幼儿新一轮的思考讨论。

（2）准备搭建材料

幼儿带着问题，在教师的引导下找回之前用PVC管搭建的屋子模型进行数量统计，他们想到把竖起来的管子和打横的管子分别统计出来，在物品归纳知识经验的已有基础上进一步学习到按物品分类统计数量的新知识技能。

图12　梳理材料数量　　　　图13　分类记录材料数量

（3）第一次搭建：解决游戏屋的长度问题

取得新的材料后，幼儿迫不及待地进行了搭建。那么怎样确定游戏屋的大小呢？

子健说："我们不是确定搭跟阅读区一样大的游戏屋吗？"

潼潼说："我们用10块积木比一下PVC管的长度吧！"

经过商讨，幼儿达成共识，决定用10块积木作为测量工具。将首块积木对齐PVC管的一端，将剩余积木逐一紧贴管身排列，在最后一块积木所对应的管身部位进行标记。几名幼儿很快就找到剪刀行动起来，发现剪刀并不合适，于是向健哥哥提出请求。健哥哥带来了PVC专用剪刀，教幼儿裁剪PVC管的方法。几名幼儿尝试一番后发现工具大，管子硬，自己的力气又不够，最后还是请健哥哥帮忙裁剪。

图14　找健哥哥了解裁管方法　　　　图15　自己尝试裁管子图

（4）第二次搭建：解决游戏屋的形状问题

幼儿将裁剪好的PVC管逐一拼接，在搭建底部时，潼潼发现这次拼接的形状与设想的形状存在差异。

潼潼说："这个怎么跟现场不一样呀？"

钧濠说："这根柱子凸出来了，但我们拼的是立方体。"

针对发现的问题，幼儿开始进行改进和完善。梓洋准备重新组建时，幼儿再次想出了解决问题的方法。

惠予说："我记得圆圆爸爸告诉我们，凸出来的每一面都要测量。"

钧濠说："我们重新用这几块积木量一下凸出来的边到底有多长。"

图16　修改光影游戏屋形状

他们再次运用以物代尺的测量方法，测出阅读区中凸面管子的尺寸，在健哥哥的协助下进行二次裁剪和搭建。

（5）第三次搭建：解决游戏屋的高度问题

基于前期的搭建经验，这次幼儿迅速搭好了底面结构，大家都迫不及待地想和同伴分享这份喜悦。但大家欣赏的时候又发现了新问题：之前计划要做教师都能进去的游戏屋，该有多高呢？游戏屋的柱子要用哪个接头连接呢？

为解决问题，幼儿对全园教师的身高进行了测量。

通过统计教师身高数据，有幼儿提出："我刚好到刘老师的肚子这里，刘老师的高度差不多有两个我那么高，能不能做两个我的高度呢？""但是肖老师比刘老师高好多！"……分享过程中，幼儿的问题不断涌现："能不能做两个我的高度呢？""能不能做三个我的高度呢？""如果遇到像运动员那么高的参观者怎么办呢？"

教师通过倾听幼儿对话，对幼儿的问题进行梳理与提炼，并提出："那么，多少个小朋友的高度更合适？"以此引导幼儿思考选用何种参照物进行对比，从而让幼儿园所有人都能直立行走进入游戏屋的设想变为现实。

图17 调查老师有多高

幼儿在教师提问中得到启发，以"要用多少个小朋友的高度才能让所有人直立行走都能进来呢？"为主题展开了一场热闹的讨论。

潼潼说："两个小朋友这么高，还不够高吗？"

乔乔说："万一以后来了更高的老师呢？他的身高我们也不清楚呀。"

钧濠说："我们做三个小朋友的高度不就更稳当一点吗？"

潼潼说："我们躺下来比一比吧！"

幼儿对比以后发现：两名幼儿和三名幼儿身高之间相差的距离并没有想象中的那么大。于是，他们决定选用三名幼儿的高度作为游戏屋所需要管子的长度并做好记号。

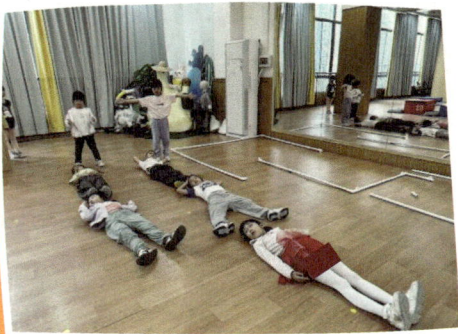
图18 幼儿高度对比

针对长度和高度的问题，幼儿再一次对游戏屋进行完善，他们先用直三通的连接头把管子连接成一个正方体，后来发现上面需要连接管子的地方是用不了直三通的。翘翘想了想，快速找到了立体三通的连接头进行替换，但随即又发现由于高度问题无法再往上连接。这时钩濠搬来了小椅子，踩在椅子上插管子。最后在健哥哥的协助和大家的努力下，期待已久的游戏屋外框终于搭建完成，真是既结实又美观。

图19 发现连接头有问题

图20 踩椅子搭建

图21 光影游戏屋外框搭建成功

2．给光影屋"穿衣服"

基于前期的亲子调查实践，幼儿进行经验回顾，总结出玩光影游戏需要具备三大条件：黑暗的环境、光源、操作物。

图22 回顾玩光影游戏的条件

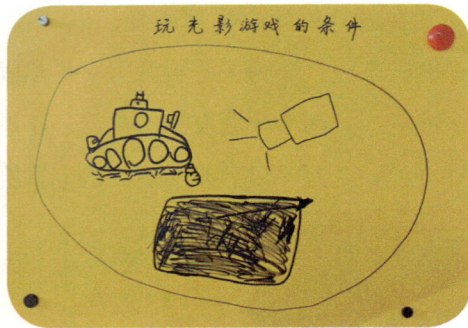
图23 梳理玩光影游戏的条件

栩然说："我们可以给游戏屋穿'衣服'了。"

所有幼儿纷纷表示赞同，因此，他们开始对光影游戏屋的"衣服"展开新一轮的探索讨论。

钩濠说："我们要怎样制造一个黑暗的环境？"

嘉嘉说："可以用布或者纸皮。"

嘉熠说："我觉得可以用窗帘，因为拉上窗帘房间就变黑了。"

潼潼说："我去住酒店的时候，房间很黑。那是什么窗帘？"

教师提供了纸皮、塑料膜、窗帘布、遮光布等材料，让幼儿进行尝试。通过验证，幼儿发现窗帘布比遮光布透光性强，纸皮遮光效果较好但尺寸小，塑料膜遮光效果最差。幼儿最终一致决定采用遮光布来制作游戏屋的"衣服"。

图24　各小组实践遮光材料

图25　分享光影游戏屋外衣材料遮光
情况

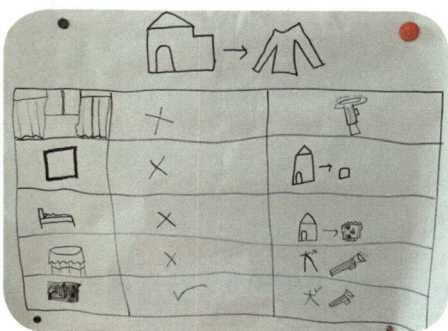

图26　光影游戏屋外衣材料的可行性
记录表

随着"外衣"材料的确定，幼儿有条不紊地进行"制作外衣"的环节。

3. 窗帘师傅来帮忙

光影游戏屋的"外衣"要做多大呢？应该怎么测量和制作呢？教师应幼儿要求，请来了专业的窗帘师傅。幼儿借助以物代尺的测量经验，把光影游戏屋的大小尺寸直观地展示给窗帘师傅。

图27　窗帘师傅讲解

图28　窗帘师傅测量长度

在多方支持下，光影游戏屋的"外衣"制作问题得以解决，游戏屋终于穿上了外衣。幼儿开心地叫了起来："我们终于成功啦！"

图29　光影游戏屋搭建成功

📖 子问题5：如何才能玩出彩色光影？

1. 为什么我们的光影只有黑色？

幼儿从家里带来了手电筒，玩起了光影游戏，但发现游戏中的光影只有黑色一种颜色。

姚姚问："为什么我们的影子只有黑色？在总园玩的时候是有多种颜色的。"

乔乔说："是啊，我的玩具都是彩色的，但是照出来还是只有黑色。"

子健说："好想再看看总园的玩具是怎么玩出彩色的光影的。"

嘉熠说："老师，我们能不能再去一次总园，看看他们的光影玩具到底有什么不一样？"

为有效解答幼儿在光影材料中所产生的疑问，教师满足幼儿再次前往明珠幼儿园总园的需求，为幼儿创造与光影材料深入互动的机会，积极寻找"为什么光影游戏会有彩色影子"的真正答案。

图30　幼儿深入探索"彩色影子"

2. 二次访园寻求答案

潼潼说："我拿的玩具中间是空心的，空出来的部分是没有影子的。"

钧濠说："你看，这个玩具中间是黄色透明的，所以投射出来的影子是黄色的。"

嘉熠说："这两个玩具都是彩色的，透明的彩色能透光，实心的彩色不透光。"

幼儿带着问题进行二次访园，在与光影游戏材料的互动中，通过实际操作和观察找到彩色影子形成的真正原因是跟被投射物品的透明度有关。

（三）成果汇报阶段

钧濠说："我们的光影游戏屋实在太酷了，我要让其他班的小朋友也来看看我们有多厉害。"

嘉熠说："还要请小、中班的弟弟妹妹来玩光影游戏。"

幼儿迫不及待地想把自己的作品分享给同伴。教师鼓励他们开办一场光影游戏分享会。幼儿进一步讨论分享会要准备什么、怎么分工等问题。经过一次次的商量和讨论，他们决定制作一张邀请函，并落实介绍、分享、采访等不同环节的主要负责人，制定了分享会海报，明确时间、地点以及想邀请的人。在幼儿的群策群力下，"奇趣光影游戏屋分享会"发布会顺利召开了！

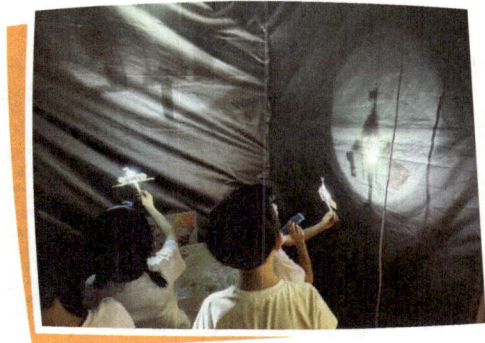

图31　体验在游戏屋玩光影游戏

图32　制定"奇趣光影游戏屋分享会"计划

图33　游戏屋分享会海报

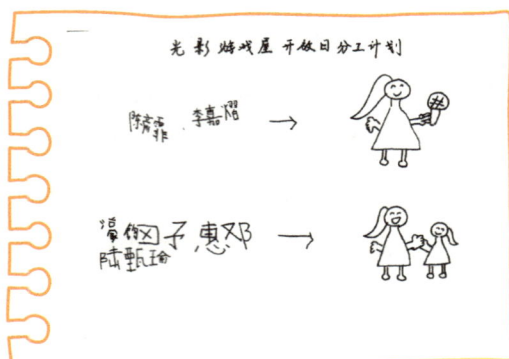

图34　分享会人员分工

　　经过分享日活动，幼儿对光影游戏更加热爱了，他们有了创新的玩法，把日常绘画作品展示在光影游戏屋里，作为光影游戏的操作材料，丰富了游戏形式，让游戏变得更有趣。

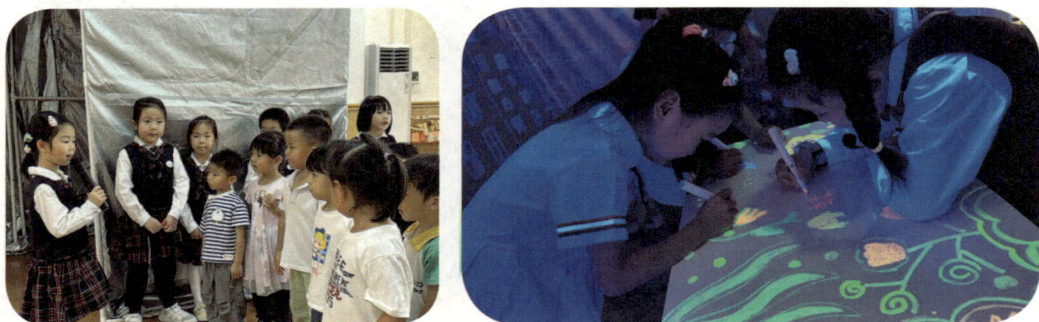

图35　奇趣光影游戏屋分享会

六 项目总结与反思

（一）项目总结与回顾

"奇趣光影游戏屋"项目活动基于幼儿在访园活动中引发对光影游戏的浓厚兴趣，以制作光影游戏屋为首要目标，进行实际搭建。他们围绕光影游戏屋的大小、安全、外观等问题积极地动手动脑。虽然幼儿想法各不相同，但教师始终接纳、欣赏幼儿不同的想法和尝试，尊重他们的兴趣，创设支持性学习环境和情境，提供足够的时间保障和丰富的探索材料等多方面支持策略，让幼儿在不断地探索、试错、反思、讨论、再实践的反复循环过程中，形成由"浅"入"深"的螺旋式上升。幼儿在掌握技能的同时收获成功的快乐，使核心素养得到发展，体现项目式学习的育人价值。制作光影游戏屋背后的教育意义，不仅是幼儿的自我探索，也是教师与幼儿的共同成长。

（二）项目反思与发展

1. 解决问题能力的发展

幼儿是活动主体。幼儿在活动时，通过交流分享、测量、整理数据、归纳、动手操作、寻求他人帮助等方式解决一个又一个活动难题。幼儿基于发现产生的"用什么材料做光影屋""做多大的光影屋""光影屋可以怎么搭建"等问题，随着光影游戏屋的制作，幼儿也在不断探索中呈现自主思考的能力。

2. 社会性发展

同伴关系与幼儿的社会性发展有着不可分割的联系。在制作光影游戏屋的过程中，面对不同的问题，幼儿充分发挥合作的力量，积极与同伴交流协作，推动问题解决，尤其是遇到问题时能主动向明珠幼儿园总园的小伙伴请教，和他们交流。在解决问题的过程中，幼儿的社会性发展也随之提高。

（三）项目与教师专业能力的连接

《3—6岁儿童学习与发展指南》中提到，应鼓励幼儿"在探究中认识周围事物和现象"。幼儿就是在与周边事物的相互作用中建构起自己的认知体系的。本次项目活动从幼儿每日可以接触到的房子的建构入手，利用周边多样性的材料进行互动，从而生成自身理论体系的科学探究活动。

1. 充分发挥教师观察的作用

教师通过观察捕捉到幼儿对"房子的形状"的兴趣，以问题"房子怎么搭建？"引发幼儿各种兴趣连接。教师时刻关注幼儿的游戏状态，当幼儿遇到困惑时平等介入互动，分享经验，引导他们建构各类知识。教师用心记录幼儿的游戏点滴，保持时时在线，提供材料，引发幼儿各类经验拓展。"光影游戏屋"活动中，教师时刻关心着、操心着，看似默默围观，实则用心支持，与幼儿一同成长。

2. 教师是幼儿探究有力的支持者和助推者

活动中，幼儿是探究的主人。教师从兴趣出发，引导幼儿进行各类游戏互动，从尝试观察房子到设计房子，再到逐步开始寻找搭建房子的材料、搭房子的方法，最后开始装饰房子，体验房子的结构，在玩中不断地丰富、拓展自己的知识体系。整个过程中，幼儿大胆猜测、积极分享、勇于质疑、敢于尝试，在不断澄清问题、不断引出新实验的过程中尽情享受着推翻与新建的探究之乐。同时，在一次次的实验分享中，幼儿养成了随手记的习惯，越发密集的成果展示、墙面日渐加厚的记录、故事书，无一不承载着幼儿的成长。光影游戏屋更是幼儿的心血，设计房子、材料准备以及实地搭建如实展示着幼儿不断提升的认知、情感及交往能力。

项目 9　会发光的非遗——鱼灯

年龄段：大班

记录老师：张利丹　徐绮君　徐昭颖

一　项目缘起

幼儿在集团访园活动时，被明珠幼儿园总园的楼梯间墙面环境深深吸引。教师经过观察和聆听，关注到幼儿对舞狮主题的设计产生的各种各样的想法："快看，这里有好多舞狮头！""我哥哥就在这里上学，他还经常参加幼儿园的舞狮表演呢。""这个狮头摸上去硬邦邦的，很结实。""我们也可以像做舞狮头一样做别的东西吗？""不如我们来做鱼灯吧，它还可以发光，是不是比狮头更酷？""好啊！我看过老师们参加的秋色表演，里面也有鱼灯。""对，我也看过，鱼灯超好看的！"……

虽然明珠幼儿园总园的这个小角落看起来只是园区大环境的一小部分，但经过特殊的环境创设与布置后，不仅给大家带来了艺术创作中美的感受，还仿佛渲染了一种由内而外散发的武术气息。幼儿在回世茂幼儿园的途中仍然持续、积极地讨论着关于制作鱼灯的想法，看到这个情况，教师认为，既然幼儿这么感兴趣，顺应这个兴趣点开展项目活动，效果应该不错。不过探究鱼灯对班级教师而言也是一项新挑战，因此，教师和幼儿通过思考与讨论，综合大家的意见，最终达成共识：制作鱼灯以幼儿为中心，教师跟随幼儿兴趣，适当地给予支持。

同时大班幼儿在工程实践中经历过工程活动的各个阶段——设计、制作、反思、修正，有助于其建构自身经验，实现理论知识与生活世界的相互联结。因此，对于制作鱼灯项目，教师没有设定时间上的要求。虽然大家都是第一次，也有很多的未知，但教师相信，这会是一个幼儿喜欢的项目，也能使幼儿获得很多的经验。在让幼儿和非遗文化扎鱼灯的深度互动过程中，也将文化认同、文化自信根植于幼儿心中，让幼儿感受非遗的魅力与风采。

图1　访园参观明珠幼儿园总园楼梯文化墙

二 学情分析

本项目源于幼儿在访园的真实活动中引发对非遗鱼灯的兴趣，结合幼儿园的美育教育特色，遵循大班幼儿爱学好问、有极强求知欲等身心发展规律和学习特点，为幼儿提供了解非遗鱼灯的机会。《幼儿园教育指导纲要（试行）》与《3-6岁幼儿学习与发展指南》提出，我们要善于发现和保护幼儿的好奇心，充分利用自然和实际生活机会，引导幼儿通过观察、比较、操作、实验等方法，让幼儿学习发现问题、分析问题和解决问题；帮助幼儿不断积累经验，并运用于新的学习活动，形成受益终身的学习态度和能力。

项目开展中，幼儿能够自主探索，亲身感受非遗文化。通过自主探索，能够锻炼幼儿的动手能力，充分发挥幼儿的想象能力，使幼儿在一次次的发现问题、解决问题中能够提升寻求解决方法的意志力。项目开展过程中充分体现了大班幼儿的学习品质。

非遗文化是我国文化的重要组成部分，非遗传承更是离不开祖国的新一代，本项目主题的设定既符合幼儿水平，同时又具有一定的挑战性，既贴近幼儿的生活，又有助于幼儿拓展经验和拓宽视野，能够更大限度地使幼儿通过直接感知、实际操作和亲身体验获取经验，帮助幼儿在探究鱼灯的相关知识中获得直接经验，培养其合作学习的意识和能力，引发幼儿深度学习。

三 驱动问题

（一）幼儿的问题

1. 鱼灯的样子像哪种鱼，所有的鱼灯都一样吗？
2. 可以用什么材料做鱼灯？
3. 怎么做鱼灯？
4. 我们每个人都能做鱼灯吗？

（二）教师梳理的核心驱动问题和子问题

📖 **核心驱动问题：**

鱼灯怎么制作？

📖 子问题：

1. 鱼灯是什么样子的？

2. 哪种材料更适合制作鱼灯？

3. 如何制作鱼灯？

4. 怎么样可以让大家都学会做鱼灯？

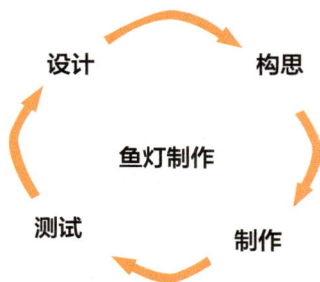

图2　项目开展探究模式

四　项目目标

（一）认知目标

1. 认识非遗鱼灯的主要特点，如形状、颜色、装饰等，能较为完整地描述鱼灯的外观和文化意义。

2. 掌握制作鱼灯的基本步骤，包括扎架、铺纸、上色和装灯等。

（二）技能目标

1. 能够制定简单的鱼灯制作计划，用绘画、符号等方式记录制作过程，并用口头表达分享自己的经验和感受。

2. 能运用尺子测量竹篾的长短和宽度，并能记录下来。

（三）情感目标

1. 对家乡的传统文化——非遗鱼灯产生浓厚兴趣，为家乡有如此独特的文化感到自豪。

2. 在制作鱼灯和合作的过程中，体验探究的乐趣和合作的快乐。

五　项目发展实录

（一）准备阶段

📖 **子问题1：鱼灯是什么样子的？**

在项目开始之前，通过多种形式，如晨谈、师幼谈话、幼幼谈话等，收集幼儿对鱼灯的各种问题，形成关于鱼灯的问题网络图，为项目接下来的开展做知识经验的准备。

在积极的讨论中，发现幼儿想了解鱼灯。当和幼儿一起决定做鱼灯后，教师第一时间就是和幼儿一起坐下来，围绕这个问题网络图展开讨论。教师发现幼儿不仅非常想了解非遗鱼灯，有的幼儿甚至已经开始自主地探索一些关于鱼灯的答案，了解发现，这是幼儿观察鱼灯后的想法被充分激发，在空余时间里通过讨论、询问爸爸妈妈、收集资料等途径获得的认知。与幼儿共同进行思考、讨论后，教师预测该项目将会朝着驱动问题"鱼灯怎么制作？"和幼儿形成的关于共同制作鱼灯的概念形式继续发展下去。我们将共同探讨，充分激发幼儿想法，引导其积极探索、主动寻求答案，进行实践。

1. 我见过的鱼灯

幼儿围绕"鱼灯是什么样子的？"展开讨论。有的幼儿说鱼灯会发光；有的幼儿说鱼灯上的鱼鳞是弯弯的，一层叠着一层；有的幼儿认为鱼灯像鲤鱼一样，代表了好运气……紧接着，幼儿回去准备材料后进行再次分享，有的幼儿说自己见过的鱼灯是像灯笼一样的，上面印有鱼的图案；有的幼儿说在家里用剪红纸的方式做了鱼灯，有的幼儿还找到了用塑料瓶做成的鱼灯等。

2. 我的鱼灯我设计

我们发现了鱼灯的多种模样，那到底应该做一盏什么样的鱼灯呢？这引发了幼儿的再次讨论，他们激烈地探讨着，滔滔不绝地描绘出自己的奇思妙想。幼儿决定试着先将鱼灯设计出来，确定要做一个属于自己的鱼灯，之后再进行下一步的探索。

幼儿描述：我画的鱼鳞像大海里面的波浪一样，有大的也有小的，鱼灯的尾巴是尖尖的，有我为它特别设计的两个雷达，装上雷达之后尾巴就可以不停地摆来摆去，像秋色表演里的鱼灯一样。

关于鱼灯的疑惑
- 谁发明了鱼灯?
- 鱼灯是怎么亮起来的?
- 可以像做灯笼一样做鱼灯吗?
- 怎么才能做出鱼的样子呢?
- 在哪里能看到鱼灯?
- 鱼的尾巴可以动吗?
- 鱼灯里面有什么?

关于鱼灯的样式
- 鱼灯的鱼是什么鱼?
- 用什么画鱼鳞?
- 鱼灯有什么颜色?

鱼灯继承人 —— 谁会做鱼灯?

制作鱼灯的材料
- 扭扭棒、编织绳、吸管、针线、纸箱……

制作鱼灯的步骤
- 是不是要先画鱼?
- 是否像组装积木一样?
- 可以用胶水粘紧吗?

准备阶段

收集幼儿问题
形成活动网络
集体性活动
生成式探究

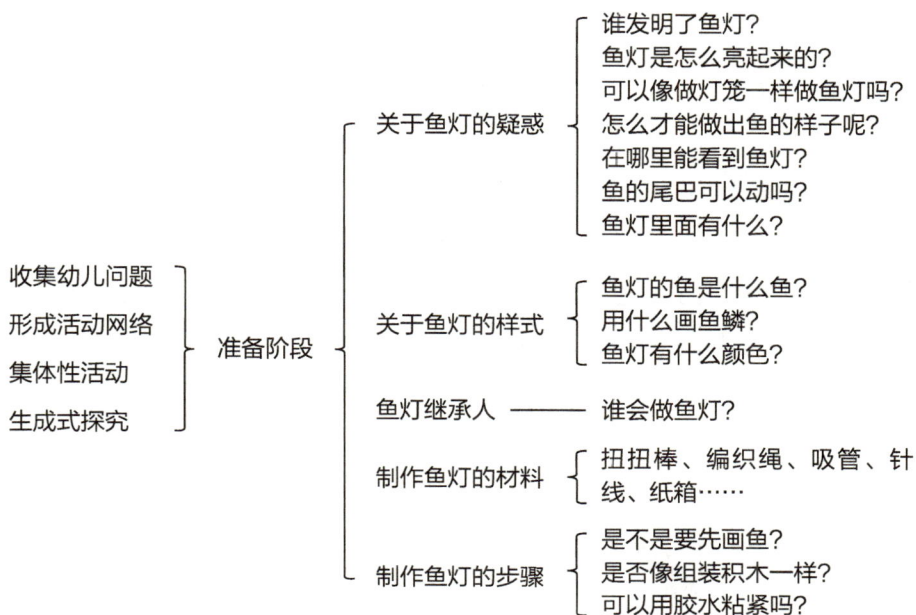

图3　问题网络图

幼儿言行背后的经验本质:幼儿能准确地将自己的想法用绘画的形式记录下来,能利用"雷达"这个知识点,证明幼儿的科学经验非常丰富,幼儿不单掌握了知识点,而且还会经验迁移。

幼儿描述:我给鱼灯穿上了彩虹裙子,每个尾巴都像树叶的形状一样,我还设计了爱心流苏,因为妈妈说流苏是可以许愿的,我也想用鱼灯许愿。

幼儿言行背后的经验本质:幼儿的设计充满了细节,幼儿将鱼灯"打扮"得美美的,还考虑到鱼灯的作用,将许愿的想法寄托在鱼灯上。

图4　幼儿表征①

图5　幼儿表征②

（二）综合探究阶段

📁 **子问题2：哪种材料更适合制作鱼灯？**

1．我们想想，我们画画

幼儿的鱼灯设计图已经出来了，接下来幼儿要成为自己的小小工程师，准备进入制作阶段。幼儿进入了非遗传承人的角色，投入情境思考：如果我是非遗鱼灯的制作人，我会用什么材料来制作我想要的鱼灯呢?

图6　幼儿表征①　　　　　　　　　　图7　幼儿表征②

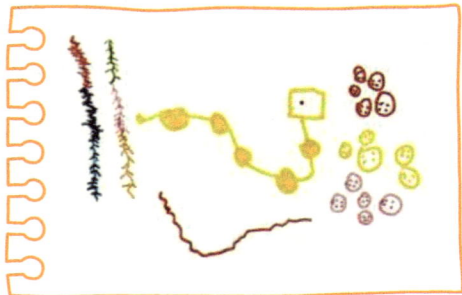

幼儿描述①：我想用建构区的吸管拼一个鱼灯，然后用剪刀把玻璃纸剪出不同的形状贴上去，还要用胶水和订书机固定，加上马赛克和星星灯来装饰，让我的鱼灯更漂亮。

幼儿描述②：我的鱼灯需要用到很多种颜色的扭扭棒，还有长长的一串灯和绳子，还有很多的珍珠。

画好后，幼儿向教师讲述所画的内容，教师利用录音软件将这些内容转化为文字记录，接着和幼儿一起将所提到的材料收集、准备好，投放在美工区和建构区，创设一个物质环境，幼儿利用每天区域活动的时间探索如何制作鱼灯。同时，教师在阅读区投放了一本《鱼灯记录册》，鼓励幼儿将项目进行过程中遇到的疑惑和想法等记录下来，使整个项目更好地贯穿在幼儿的生活中。

2．我们说说，我们选选

看着美工区的材料日益减少，《鱼灯记录册》里的内容从刚开始的迅速增加转变为无人记录，教师采取助力措施，组织幼儿进行一场分享大会。

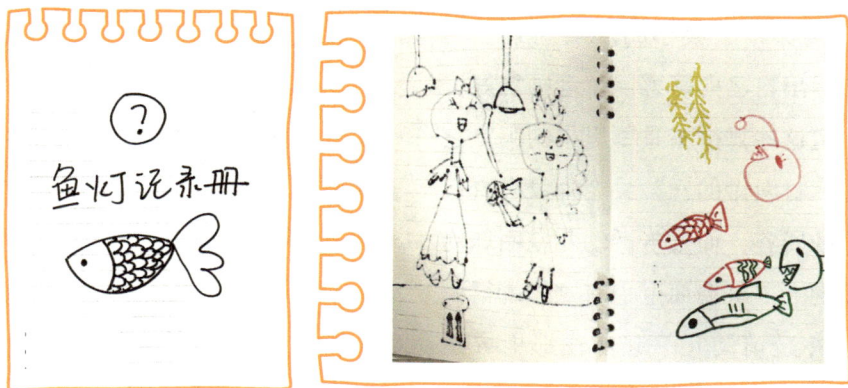

图8 《鱼灯记录册》

想表达的幼儿有很多，教室里一时间充满了各种各样的声音。于是，幼儿商量，决定通过小组形式进行"幼幼分享"，最终再由每组推荐的小代表上台分享。在此，注意到幼儿的对话如：

"我试过用树枝做鱼架，可是根本弯不起来。"

"我用吸管做了可爱的小鱼。"

"我们还用扭扭棒做了一条鱼，它不是鱼灯！"

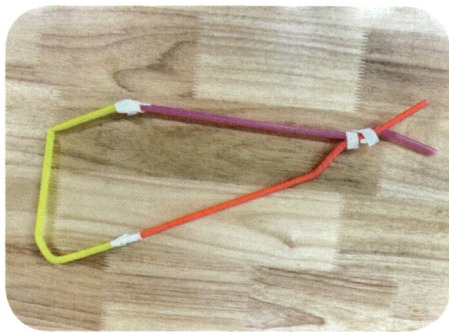

图9 吸管材料制作的小鱼

图10 扭扭棒材料制作的小鱼

幼儿七嘴八舌地讨论着，却始终没有听到可以令自己满意的答案，这似乎说明了幼儿在这段时间里利用区域游戏探索关于制作鱼灯的材料时遇到了困难。那么，究竟什么是做鱼灯的最佳材料呢？有幼儿提议我们再组织一次访园活动，到明珠幼儿园总园有舞狮的楼梯间看看有没有新的发现。

明珠幼儿园总园的楼梯间里，幼儿迫不及待地一边看一边触摸，一边讨论着舞狮头的制作工艺，却始终没有找到突破口。过了一会儿，明珠幼儿园总园的吴老师刚好经过楼梯，子殷小朋友瞬间有了精神，急忙提出自己的疑惑："老师您好，请问您知道这些舞狮头是哪里来的吗？它们是用什么材料做的？"吴老师没有直接给出具体的回答，而是告诉幼儿在明珠幼儿园总园的大二班墙面上也有这样的舞狮头装饰，并邀请幼儿一起前往那里寻找答案。

图11　第二次到明珠幼儿园总园学习

所有幼儿都被吸引了过来，大家开始欣赏、研究那个用竹条扎成的舞狮头框架。这个突如其来的发现为幼儿提供了新的思路。

幼儿进行细致的观察后回到班上，教师引导幼儿通过小组的形式互相讨论设计做鱼灯要用到的材料并记录下来。"竹条！""鱼灯是用竹子绑起来的，很硬，很结实！""上面有胶水。""还有铁丝。"……很快，新的设计图一一呈现。

图12　幼儿所绘的材料清单

幼儿集中在一起共同探讨，还邀请了班上的"小画家"亨亨在黑板上记录大家的"材料清单"中提到次数最多的材料，进行整理归类。最后，幼儿参考扎狮的外形，确定了制作鱼灯的材料和工具有：竹篾、水彩笔、颜料、绳子、铁丝、白乳胶、灯、剪刀和纸等。分享会活动结束后，大家一起准备新的材料。

图13　亨亨做记录

图14　选出材料

📖 子问题3：如何制作鱼灯？

1. 基于幼儿兴趣，讨论设计——从"热点交流"到"兴趣满满"

经历了鱼灯样式设计和材料选择的活动后，幼儿更加迫不及待地要将自己设计的鱼灯制作出来。一天晨谈的时候，有幼儿提出希望能用当天的区域活动时间在美工区再次尝试制作鱼灯，教师认为或许可以先让一部分幼儿试试，于是协助幼儿将美工区布置好，为幼儿提供环境和材料的支持。到了区域开展时，这些幼儿带着鱼灯设计图进入美工区，选择需要用到的材料，互相讨论，分工合作。有的幼儿做鱼灯的里面部分，有的幼儿在纸上画外面的图案，分工看上去似乎很明确，可每个幼儿的设计图都不一样，况且设计图里只能体现鱼灯的基本外貌，却没有体现内部构造。这使幼儿意识到，虽然第一次画的鱼灯设计图很漂亮，可到了真正实施时却完全用不上，根本无从入手。

区域活动结束后，幼儿进行区域活动回顾，刚刚尝试制作鱼灯的幼儿赶紧抓住机会抛出疑问："老师，我们只有设计图和材料，根本不知道怎么做呀！"教师顺势将问题抛给幼儿："对呀，我们下一步应该怎么做呢？有没有小朋友知道？"此时，班上小小艺术家乔妹悄悄地举起她的小手，说："我了解到制作鱼灯时需要把竹篾剪开，折成弯弯的，然后用铁丝绑起来，做成鱼的形状。"幼儿听完乔妹的经验分享后恍然大悟，原来是要先用竹篾做出鱼灯的框架后才能做下一步，既然如此，何不将制作鱼灯的步骤也完整记录下来呢？

2. 多次探究，实践体验——从"准备充足"到"问题百出"

幼儿决定通过分组形式研讨鱼灯的制作步骤并进行记录，随后，每个组的幼儿

都上台进行分享。幼儿自己组织语言，互
相补充，声情并茂地介绍着小组的设计
图，其他幼儿则认真、投入地聆听着。

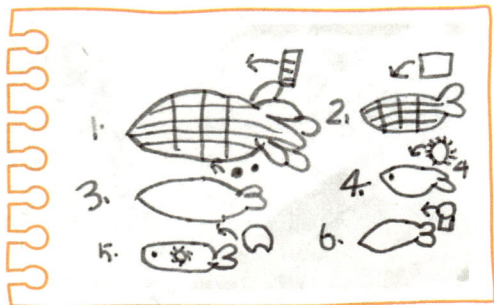

图15　幼儿记录

　　幼儿描述①：首先要把竹子变成鱼的
形状，然后再贴上纸。接下来就要给它装
上眼睛，加上小毛球装饰。装饰完还要给
它加上颜色和灯。

　　分析解读：这组幼儿整体步骤表述得
简单清晰，将制作鱼灯分为三个部分，设计相对完整。

图16　幼儿记录

　　幼儿描述②：先剪纸，把纸变成鱼的样子，再加上灯泡，就可以开始装鱼鳞
了。然后用颜料涂上颜色，还要用木头加固它。最后再用纸铺一下，用双面胶贴上
鱼的眼睛，鱼灯就做好啦。

　　分析解读：幼儿认为直接用纸做出鱼的形状就可以添加装饰，后期只需要用木
头加固，这个想法比较特别，但存在许多不确定性。

图17　幼儿记录

幼儿描述③：我们觉得做鱼灯的第一步是用剪刀把纸剪开，第二步用竹子把鱼的框架做好，第三步就铺纸到竹子做好的鱼架上，第四步把眼睛贴上，用彩笔画装饰，用胶水把亮片贴上去，最后用订书机订在一起。

分析解读：先剪好纸，再做框架，接着铺纸、装饰，前面部分的过程都描述得很清楚，可是前期确定的材料里并没有出现订书机，最后订书机的作用并不明确。

（1）第一次测试：扎鱼骨架

幼儿确定好做鱼灯的步骤图，下一步大家分组尝试开始制作鱼灯。

幼儿看着长短不一的竹篾，随意选择后提出疑问："这怎么做呀？""怎么开始呀？"一番尝试之后，幼儿开始拿起剪刀，尝试将竹篾剪开，但是剪得很困难，只能寻求动手能力强或者力气大的同伴帮助。结果在这一环节里大家消耗了很多时间，仍然停留在剪竹篾上，并且对竹篾的长度、宽度和数量还没有确切的结论。

图18　幼儿剪出的竹篾

活动结束后，大家进行回顾总结。从幼儿的表达中可以看出，他们一致认为竹篾太硬，根本剪不断。此时，在另一边工作的生活教师和我们分享了她的亲身经验："这些竹条可以用水泡一下，变软了就会更好塑性。"幼儿听到后决定马上按照这个建议试一试。接着，幼儿从水龙头里接满一桶水，将所有的竹篾都放下去。

（2）第二次测试：扎鱼骨架

第二天，幼儿兴致勃勃地来看这些泡了一晚上的竹篾，并将它们拿到阳台上晾干。到了下午，幼儿再次提出扎鱼骨架。

第二次的扎鱼骨架活动中，每组幼儿所遇到的情况也并不相同：第一组的幼儿频发争执，无法顺利进行扎架；第二组的幼儿只做出用一根竹篾围成的鱼形；第三组的幼儿为鱼灯设计螺旋桨尾巴，成就感满满，但鱼灯却没有像想象中一样鼓起来；第四组的幼儿自由、随机搭建，用大量铁丝捆绑，最大的圆形鱼头被另外两个不规则的圆包裹，且绑得很松，要用手握住才能固定。

活动持续了一个小时，每组幼儿的交流也不相同。第一组的幼儿想要做一条超大鱼，可有的幼儿提出"做这么大根本就不可能，竹条都掉下来了"。第二组的幼儿也遇到了困难："这个竹篾也太难剪了吧。"第三组的幼儿巧用方法："熙原，我们一起合作，你帮我剪断这些铁丝，我把鱼的身体绑起来。"第四组的幼儿被铁丝难题绊住："老师，铁丝戳得我的手都红了！""对呀，铁丝又长又剪不断。"

通过此次扎鱼骨架活动，可以看出大部分幼儿能相互讨论，合作扎架，但做好的架子容易断开，且扎出来的鱼灯是平面的。

操作环节结束，大家一起回顾，有的幼儿积极主动地反映过程中的收获，虽然做出来的鱼灯跟非遗鱼灯有很大区别，但也有一些成就感；有的幼儿不断反映遇到的问题，引发众人的思考与讨论：怎么我们做的鱼灯还是不能鼓起来？大家开始提出猜测、讨论、想象，渐渐地，幼儿似乎有了新的方向，他们回忆起非遗鱼灯的模样，其造型很生动，与现实中看到的鱼儿神似，头、身和尾巴之间连接的部位还可以灵活摆动，是不是也可以在扎架时按照鱼的身体部位分别进行呢？……无数个新

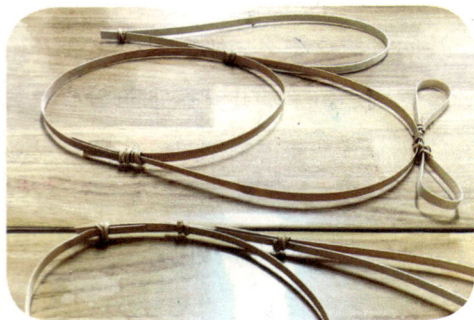

图19　幼儿利用竹篾扎出轮廓

的问题在幼儿的脑海里呈现，为下一次的活动埋下了伏笔。

（3）第三次测试：扎鱼骨架

之后，幼儿回家收集关于扎架的经验和方法。第三次扎架前，幼儿主动提出这次要出一个设计图，这样操作的时候小组里每个人都能按着设计图进行。

可真到了准备要做设计图的时候，又听到了另外的声音："老师，我觉得做一个鱼灯好难，我们组的人都不会做，又不会剪铁丝。""对呀，我们组每次都是我画的，他们又不按照我说的去做。"幼儿提出了新的意见与想法。教师说：既然分组存在这么多困难，那大家有什么更好的建议呢？"我想和乔妹一起做。""我想和林熙语一起。"……一时间，幼儿执着于如何选择合作的伙伴，似乎忽略了本次活动的目的——把鱼灯的扎架设计图画出来。于是，教师将幼儿的思绪重新带回到活动中心，先安抚幼儿的情绪："既然大家的自我意识如此强烈，不如这次每个人都来创作一幅鱼灯的扎架设计图吧！"幼儿兴高采烈地欢呼，然后进行创作。

短短25分钟的时间，所有幼儿已经完成创作，并准备开展"投票行动"。幼儿大胆分享，都认为自己的设计图创意无限，投票的时候还和小伙伴们商量拉票。最

后，梓芮的作品由于简单清晰，将扎鱼架的过程分为了扎鱼身、鱼头和鱼尾部分，吸引了很多幼儿，我们遵循少数服从多数的原则，判定这个设计图为本次投票选出的最终结果。

确定了最佳选择后，接下来的事情就好办了，既然大家都喜欢、认可这样的设计图，大家就决定齐心协力按照这个设计图

图20　幼儿自主投票

扎一个鱼架子。作出这个决定后，幼儿很兴奋，他们一起搬桌子、搬椅子、准备材料，有的幼儿负责做鱼身，有的幼儿负责做鱼头等。在更详细的、分解版本的设计图的辅助下，幼儿猜想应该将鱼的不同部位串联在一起才能做出完整的鱼灯。

表1　鱼骨架设计图

鱼灯部位	扎作方法	幼儿表征
鱼身	先用竹篾圈出鱼身的轮廓，然后在鱼身里用长短不一的竹篾支撑，利用铁丝固定。	
鱼头	用竹篾做一个鱼头，鱼头里也要用三条长的竹篾和一条短的竹篾互相连接支撑。	
鱼尾	鱼尾分成两部分，里面有竹条支撑，它的连接处是直直的、平的，这样更方便与其他部位连接。	
完整的鱼灯	最后将三个部分用铁丝绑在一起。	

第三次扎架活动中，幼儿根据设计图用长度不同的竹篾、铁丝和白乳胶做出鱼身、鱼头和鱼尾三部分，最后将其连接在一起。活动持续了40分钟，其间幼儿能够相互合作，讨论制作鱼头、鱼身的方法："我们先把竹条弯成鱼身的形状吧。""鱼身要做得大一点。""看，我一会儿就做好了，你们快点剪铁丝固定呀！"幼儿能按照设计图用不同长度的竹条制作鱼头、鱼身两部分："还要做一个

比鱼身小一点的鱼头。""有的要用长铁丝，有的又要用短的。"很快他们就发现了问题："哎呀，不行，这样根本就不像鱼身，要连好多条才行。"发现幼儿遇到困难，活动停滞不前，教师主动倾听幼儿的想法，鼓励他们探索解决。

图21　幼儿合作第三次扎鱼骨架

　　当活动进行到32分钟时，能明显看到鱼身的不同部位已经做好了，可是怎么将它们连接起来呢？由谁来做这一步呢？幼儿继续讨论、尝试。后来，熙原提出："用铁丝绑起来不就行了？"之后每个幼儿都拿起铁丝进行操作。不过由于大家做的鱼的身体部位顺序不明确、进度不一样、各部位的大小不相同，鱼身的整体轮廓无法拼接在一起。

　　看来，扎好鱼灯的架子可真不是一件轻松的事情，幼儿反复琢磨，已经失去了信心，有幼儿提出："老师，鱼灯到底应该怎么扎呀？能不能给我们看看别人是怎么做的？"项目进行到此，幼儿在教师的支持和帮助下，利用空余的时间通过网络平台搜索扎鱼骨架的方法。可网上的教学各式各样，有不同的特点，幼儿一时无法判断哪个才是我们需要的，此时幼儿决定再次寻求明珠幼儿园大二班的帮助。他们一起观察、学习醒狮扎架方法，很快就了解到如何去扎一个能够"鼓起来"的鱼架子了。

图22　幼儿访园学习

（4）第四次测试：扎鱼骨架

有了清晰的思路后，幼儿一起讨论、探索，并利用区域游戏时间在《鱼灯记录册》上记录新的发现。教师在班级墙面的环创上新添了探索鱼灯的整个过程，便于幼儿及时追踪和思考。

图23 幼儿记录问题

经历了一段时间的沉淀，幼儿浮躁不安的心慢慢平静下来，不像刚开始探索的时候那么冲动了。上一次的设计图使全体幼儿能够有序开展扎架过程，避免了许多麻烦，因此，这次大家也毫不犹豫地决定一起创作新的、更清晰的扎架设计图。在上一环节中，幼儿意识到扎鱼骨架需要用到不同长度的竹篾，但对于具体数据仍然没有准确的认知。

为了鼓舞幼儿，增强他们的信心，我们借助明珠幼儿园总园的扎醒狮手艺人的资源，幼儿到总园邀请扎醒狮手艺人到班上进行活动指导，并统一推选由美术功底好的幼儿来当主要的记录员，记录下主要步骤以及注意事项，引导幼儿更好地开展接下来的工作。

在教师的引导下，幼儿先选出一条长长的竹篾，确定其长度为30厘米，然后将其完成后的鱼身形态用美纹胶带代替铁丝固定，这样操作时更快、更安全；接着，有的幼儿负责剪出不同长度的竹篾，有的幼儿将这些竹篾一个一个做成圆形并固定，有的幼儿则利用尺子、卷尺、绳子等对这些竹篾的长度进行测量，最终大家共同选出长度分别为15厘米、28厘米和13厘米的竹篾做出来的圆形恰好能放进鱼身中固定。最后，幼儿用同样的方式确定了鱼尾所需要用到的竹篾长度，并且在技艺老师的支持下，一步一步循序渐进地确定了扎作的顺序步骤，这对之后的扎架实施有重要作用。

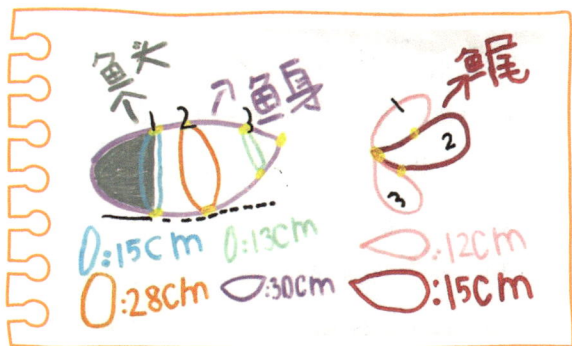

图24 教师协助设计的鱼骨架

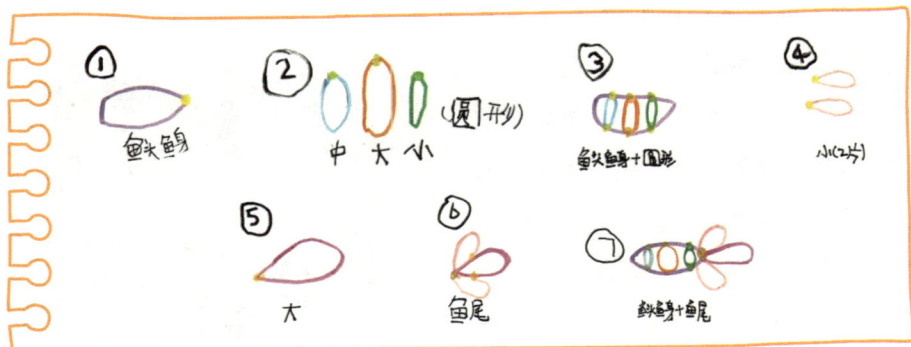

图25　分解步骤图

经过30分钟的设计，幼儿对扎鱼骨架有了更清晰的认知，之后，班级教师与明珠幼儿园大二班教师沟通协调，决定将接下来扎作的过程留给幼儿自主探索。于是，幼儿按照这个设计图团结合作，合理分工，裁剪、做圆、固定扎点、连接等，忙得不可开交。

这次活动中，幼儿根据设计图，利用长短不一的竹篾塑性、粘贴、连接，将鱼头、鱼身和鱼尾的各个部分先做出来，最后再用美纹胶带贴合在一起。

活动持续了1小时25分钟，幼儿一边讨论一边合作，活动有序进行。"我们先用竹条做鱼的身体。""然后还要做三个圆圈，你们做蓝色的，宝妤和熙语做橙色的，我想做绿色的。"按照此次的设计图，幼儿有了准确的目标和步骤，刚开始扎的时候鱼的形态没固定好，会变形，幼儿陷入了苦恼。发现幼儿遇到困难，教师及时鼓励他们，帮助他们整理思路。最终幼儿决定尝试探索新的解决方法，将圆圈放在鱼身里固定，成功做出了想要的鱼的形状。

图26　幼儿合作成功扎出鱼骨架

（5）第一次测试：糊纸

环境支持　材料推进——从"问题出现"到"主动请教"

经历了重重困难后，鱼骨架终于做好了。幼儿热烈地庆祝，感慨这"宝贝"鱼骨架来之不易，并把它放在美工区的展示架上让大家都能好好欣赏。此外，幼儿还回家和父母一起分享了这份喜悦。扎鱼骨架任务的顺利完成，大大增强了幼儿的信心，紧接着，他们马不停蹄地进入扎鱼灯的第二步——糊纸。

一天晨谈时，幼儿告诉教师已经提前准备好宣纸、剪刀和白乳胶。趁幼儿有着极大的兴趣，教师决定当天上午就开展糊纸活动。

活动中，幼儿根据自己的兴趣自由分工，一边讨论一边糊纸。他们很快就产生了分歧，有的幼儿认为用一大张纸贴就可以了，有的幼儿则认为纸太大了，要撕开来贴才会更贴合。通过试验，他们发现如果只用一张大的纸贴确实会很难糊，也会出现很多洞洞。最终，他们决定一边比着大小一边撕纸来糊。

解决了纸的问题，新的问题又接踵而来。由于幼儿没有注意动作的力度，用力挤压后，鱼骨架从尾巴开始分裂，鱼灯散架了。看到这么辛苦做好的鱼灯散架了，幼儿当即激动起来，开始互相推脱、责怪。有两名幼儿没有参与讨论，而是选择重新扎一条鱼尾。他们回顾了之前的经验，选择利用铁丝和美纹胶带进行固定。另一边的幼儿们发现一直争论解决不了问题，看到重新尝试扎鱼灯的伙伴，他们开始一起探讨，最终决定齐心协力再做一盏新的、更结实的鱼灯。

图27　幼儿合作糊纸　　　　　　　　　图28　修补鱼尾

新的鱼灯做好了，那到底要怎么铺纸才会更好呢？幼儿不断提出疑问，反复探讨，却始终没有得出结论。此时，有幼儿寻求帮助："老师，铺纸到底是怎么铺的呀？""对呀，这也太难了吧。"看着幼儿一筹莫展的样子，教师通过和幼儿聊天的方式，思考出可以一起收集相关的资料，学习铺纸的方法。最后，教师再次访问明珠幼儿园大二班的教师，学习了一次完整的糊纸过程，并将经验与幼儿分享。幼儿一起整理经验，发现铺纸时裁纸的大小很重要，白乳胶要挤在扎架的节点上，糊纸时动作也不能太重，要轻轻地、有耐心地贴。平时像小队长一样的熙原也在这时候鼓舞士气："我们再铺一次，肯定可以成功的！"在熙原的鼓舞下，所有人准备开始第二次糊纸。

（6）第二次测试：糊纸

本次糊纸实践中，由于掌握了糊纸的方法，幼儿信心倍增。他们根据平时的动手能力和个人爱好习惯合理分工，效率也大大提高。只见幼儿先用剪刀将纸剪成需要的大小，方便铺纸且美观。剪好所需的纸后，幼儿尝试利用扎架的节点来糊纸，以便增强其连接性。清晰的方法配上合理的分工，这次糊纸效率极高，在铺好上半部分后，幼儿

图29　第二次合作糊纸

还在架子内加入灯串。只见他们动作温柔、耐心，一边将纸贴上鱼架，一边轻轻地用嘴巴吹气，使纸更快变干。很快，他们就成功铺好了整条鱼灯。"哇！我们成功啦！"幼儿一齐欢呼起来。

（7）第一次测试：上色

经验迁移　探究实践——从"材料预设"到"失败操作"

在等待鱼灯干透的过程中，有个别幼儿一直在关注："鱼灯干了吗？可以涂颜色了吗？"幼儿用手轻轻触摸鱼灯，发现糊的纸已经变硬且很好地包裹着鱼灯架子，看来鱼灯已经干透，可以进行下一步上色了。幼儿都非常兴奋：离做成漂亮的鱼灯就差最后一步啦。确定可以开始上色活动后，幼儿即刻从美工区拿出马克笔准备涂色。

可是上色的过程并没有想象中那么简单，有的幼儿对颜色的搭配不满意，有的幼儿涂色太随意，由于马克笔不断摩擦，涂色时手部重心都压在鱼灯上，铺的纸出现了破洞，鱼灯再次破损了……此时，一旁的思瑜带来了一个好消息：上一次铺纸的时候被损坏的鱼灯已经被她和小伙伴们

图30　用马克笔上色

一起修复好啦，只需要在上面重新铺纸，便可以继续上色。

听到这个消息，幼儿欣喜若狂，拿着这盏鱼灯重新铺纸。

有了之前的经验，幼儿的动作变得更熟练，他们快速地进行铺纸。不仅如此，还有幼儿发现了之前操作中存在的漏洞，及时提醒大家要在鱼灯的尾巴部分留一个孔的位置放置灯串或灯泡，再将整盏鱼灯铺好、铺平整。在幼儿的齐心协力下，新的鱼灯铺好了。

宣纸太薄，用马克笔上色很容易破，那到底应该怎么做呢？幼儿开动脑筋积极思考："宣纸？我们之前不是用宣纸画了春分的水墨画吗？当时是用墨水来画的，宣纸也没有破呀。""对呀！不如我们用彩色墨水试试吧？""太好了，又可以玩毛笔啦！"

（8）第二次测试：上色

回顾梳理　试错推进——从"马克笔失败"到"水墨成功"

面对出现的问题，幼儿没有气馁，而是积极思考，寻找解决方法，他们调用使用毛笔和墨水的经验，最终利用水墨成功上色，还大胆创新将墨水颜色混合，使色彩更丰富，最终做成了漂亮的鱼灯。幼儿都很激动，他们拿起鱼灯认真欣赏，不断感叹："我们真的成功做出了鱼灯！"他们骄傲地展示鱼灯，分享成功的喜悦。

图31　成品

（三）成果汇报阶段

📋 **子问题4：怎么样可以让大家都学会做鱼灯？**

活动进行到这里，大部分幼儿已经掌握制作鱼灯的基本方法，但还有一些没有参与到整个过程，或者还不会制作鱼灯的小伙伴，他们向成功制作鱼灯的幼儿投去羡慕的眼光，并表示自己也想要制作这么漂亮的鱼灯。那么有什么好办法可以把我们辛苦研究出来的经验方法分享给大家呢？针对这个问题，幼儿进行进一步思考，不久便有幼儿提出："我们不是记录了做鱼灯的步骤吗？""对呀，每次开始做之前还有设计图可以照着做，不如我们把做鱼灯的全部过程都画下来，不就能像说明书一样吗？""好哇好哇！做一本工具书，让爸爸妈妈也可以做鱼灯。""弟弟妹妹也可以做！"

图32　家长体验成果

图33　线上工具书：教师课件

幼儿忽然想起幼儿园到处可见的二维码解说，大家都觉得可以借助这个办法，结合信息技术传播的特性，让更多人看到制作鱼灯的方法。工具书由幼儿主导设计，主要呈现扎鱼灯的各个步骤与细节，展现幼儿创作美的能力；教师和幼儿、家长一起合作录制视频，生成项目过程视频、课件与海报等形式，让大家更直观地观察、学习与制作鱼灯。

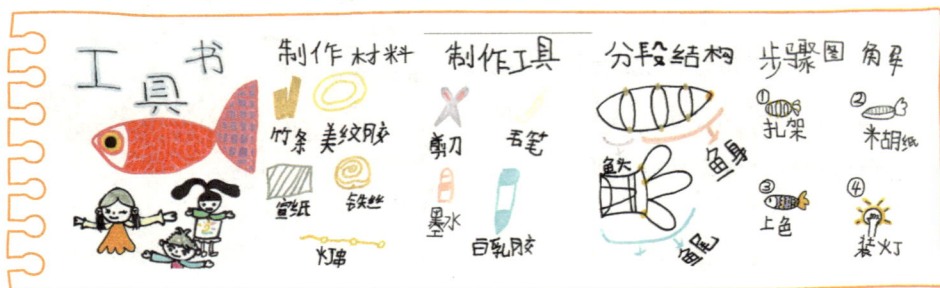

图34　线下工具书：扎鱼灯的手册

（四）分享喜悦

活动进行到这里，幼儿已经能够自主熟练地制作鱼灯了，他们决定将成果和更多的人分享。他们制作了很多漂亮的鱼灯，在明珠幼儿园的访园活动中，与总园的小朋友一起分享成功制作鱼灯的喜悦，把鱼灯作为礼物送给他们。

图35　幼儿分享喜悦

六　项目总结与反思

（一）评价回顾，发展素养

　　这是一个由幼儿在集团访园中引发的项目活动，幼儿对舞狮头的制作产生浓厚的探究兴趣，并在探究过程中分享讨论、分析原因、找出办法并共同商讨下一步应该怎么做，对自己的行为进行思考，运用工程技术思维模式进行工程实践活动。幼儿能够根据兴趣主动参与探究贴近生活的问题，持续激发学习的内在动机，进行项目式课程深度学习。

（二）跟进评价，贯穿始终

　　幼儿的探究活动需要依靠自身的经验，其发展路径及过程有很多的可能性，教师可以开展跟进式评价全面分析幼儿发展，以评估和判断满足幼儿需求。在鱼灯项目式学习中，教师根据前期调查了解的幼儿对鱼灯的经验原点和兴趣点，围绕随机生成活动、不可预设的内容等对幼儿实践过程开展针对性观察，记录幼儿计划、准备、实施过程中的即时表现，更全面地了解幼儿的发展水平及状态。

（三）档案评价，彰显个性

　　档案式评价能够构建将过去、当下以及未来的经验有机联系起来的网络结构图。在整个项目式活动中，教师通过"你遇到什么问题""你是怎么解决的"等开放性问题，鼓励幼儿用自己的表征方式设计记录表进行记录，形成同伴间互助学习的方式，互相提供参考经验。

（四）园家社联动，互助成长

本次项目式学习课程的评价主体既有"局内人"——幼儿，也有"旁观者"——教师和家长，因此本次做鱼灯的项目式学习中评价主体更为广泛、多样。幼儿、教师、家长和非遗手艺人等都参与进来，撬动社会资源，让幼儿能向非遗手艺人学习，实现多方联动式评价，多向促进幼儿的能力发展和教师项目实施能力，实现了在学习中共同成长。

1．反馈对象：幼儿

反馈记录：制作鱼灯这个项目持续了一个月。在这个月中，幼儿兴趣热度一直不减。究其原因，项目过程蕴含着学习，它伴随着能力的提升和智慧的增长。

反馈价值：整个项目提供全开放且立体的环境，当出现问题的时候，幼儿知道首先要从自身找问题，设计、实践、提问、解决并发现新问题，这就是项目教学的魅力所在。从对制作鱼灯一窍不通，到熟练制作，再到形成工具书和教学视频，其中也遇到过问题，大家同步解决问题。在这个过程中，幼儿学会了观察、思考、探索、合作，浓厚的兴趣激发幼儿自主求知、自主探索与实践。整个过程不是被动的，而是幼儿作为认知主体主动建构的。

2．反馈对象：教师

反馈记录：为了帮助幼儿进行探究和学习，教师也和幼儿一样，用兴奋好奇的心情看待这个活动。

反馈价值：在这个项目活动中，教师的诚信、兴趣及喜悦变成了有力的教学工具。教师获得的最大转变是观念的变化，三位教师从引领者退后成为支持者和合作者，抓住幼儿的兴趣，支持幼儿有研究价值的各种行为。幼儿从最开始的模仿学习，到借助材料表征，到自主分组进行宣讲、自制计划表、小组成员制定宣讲内容、准备需要的材料、列出制作的步骤等，教师看到了幼儿不断思考、尝试、勇于否定自己前期的方案并进行新的探索，看到了幼儿解决问题能力的提升。特别让人惊喜的是幼儿在遇到问题时能主动提出要请教总园的小伙伴们，充分调动了集团的资源。

当然项目同时也存在欠缺之处。项目活动中，很多时候教师更多地考虑幼儿自主探索的体现，而忽视了幼儿深度挖掘的契机；教师关注到了幼儿对获得新经验的兴趣，却也忽略了对幼儿新经验获得的验证和评价。

3．反馈对象：家长

反馈记录：一个好的项目能够促进幼儿各方面学习能力的发展。

反馈价值：通过家长的反馈，我们看到的不仅仅是幼儿的变化和思考，更是家长的信任和支持，在家园共育的过程中我们又寻求到了更多更好的通道，充分利用家长资源也为我们的项目活动锦上添花。

4．反馈对象：社区

反馈记录：鱼灯蕴含了浓浓的传统文化。

反馈价值：让非遗文化有更多的渠道传承发扬，撬动社会资源引导幼儿学习和感受传统文化的内涵和价值。

优秀的传统文化就在我们的身边，幼儿只需要借助教师点起的小火苗，就能顺势燃烧学习和实践的熊熊烈焰。尽管幼儿的探索还不够深入，项目也不够完美，但这是对项目式学习的尝试，对幼儿和教师来说都是一段宝贵的经历。